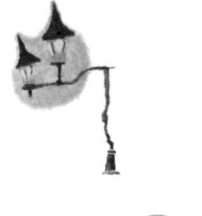

The Secret School 비밀 학교

어린이를 위한 시크릿

어린이를 위한
시크릿

꿈 ♥ 을 ♥ 이 ♥ 루 ♥ 는 ♥ 일 ♥ 곱 ♥ 가 ♥ 지 ♥ 비 ♥ 밀

글 : 윤태익, 김현태 / 일러스트 : 한재홍 / 만화 : 강성남

살림어린이

머리말

『어린이를 위한 시크릿』은
꿈을 이루는 비밀 찾기!

**어린이들이 갖고 있는
가장 큰 힘은 무엇일까요?**

그것은 무한한 꿈과 가능성입니다.
그래서 원하는 것은 무엇이든 될 수 있고, 무엇이든 이룰 수 있는 가능성이 어린이에게는 있습니다.
안 된다는 생각은 어른이 만든 장애물입니다. 어린이에게는 이러한 장애물이 없습니다. 설사 장애물이 있다 할지라도 훌쩍, 뛰어넘을 수 있는 힘이 있습니다.
"마음 먹으면 안 되는 것이 없다." 이 말은 바로 어린이들을 위한 말입니다.

인도에서 코끼리를 훈련시키는 과정을 보면, 처음에 어린 코끼리를 오렌지 색 줄로 나무에 묶어 둡니다. 어린 코끼리가 처음에는 풀려나기 위해 안간힘을 씁니다.

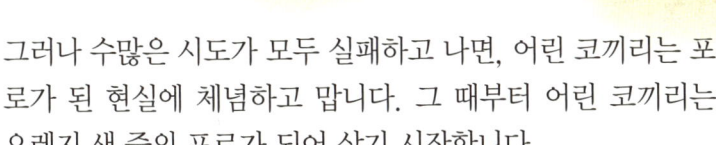

그러나 수많은 시도가 모두 실패하고 나면, 어린 코끼리는 포로가 된 현실에 체념하고 맙니다. 그 때부터 어린 코끼리는 오렌지 색 줄의 포로가 되어 살기 시작합니다.

어린 코끼리가 점점 커서 힘이 백 배 이상 세졌습니다. 코끼리의 힘이 세어져서 그를 묶어 놓은 나무를 뿌리째 뽑을 정도가 됩니다. 그러나 주인은 코끼리를 다스릴 수 있는 비장의 무기가 있습니다. 주인이 오렌지 색 줄을 들고 나타나면, 거대한 코끼리는 포로가 된 현실을 인정하고 더 이상 발버둥치지 않습니다. 왜냐하면 코끼리는 어릴 때 경험한 오렌지 색 줄의 위력을 기억하기 때문입니다. 우리는 이것이 매우 우스꽝스런 일이라고 생각할 수 있습니다.

어떤가요? 자신에게 한 번 물어보기 바랍니다.

여러분들은 스스로 갖고 있는 엄청난 힘을 믿지 못하고 오렌지 색 줄에 갇힌 코끼리가 아닌지……. 나는 어린이 여러분들이 갖고 있는 그 무한한 힘을 찾아 주고자 합니다.

여러분을 묶어 놓은 나무 뿌리를 거뜬히 뽑을 만큼의 엄청난 힘이 여러분에게 지금 있습니다. 자신의 무한한 꿈과 가능성을 믿으세요.

나는, 자신이 충분히 해낼 수 있는 것들을 스스로 체념하게 만드는 그 '오렌지 색 줄'을 과감히 끊어 버릴 수 있도록 도와 주고자 합니다.

여러분에게는 무한한 꿈과 가능성이 있습니다. "안 될 리가 있나(Why not)?"라고 반문하고, 자신을 믿고 나아가길 바랍니다.

여러분은 자석과 같습니다.

여러분의 마음은 자석과 같습니다.

간절히 바라는 마음의 크기만큼 자력이 커집니다.

실제로 자신의 손바닥을 가까이 서로 마주한 채 집중을 해 보시기 바랍니다. 손바닥이 서로 끌어당기는 것과 같은 자력을 느낄 수 있습니다. 마음을 모으면 그 자력감은 더욱 커집니다.

어떻습니까? 작은 자석에는 작은 것들만 끌려오고, 중간 자석에는 중간치 것들만, 큰 자석에는 큰 것들이 끌려옵니다.

이것이 바로 마음의 법칙입니다.

세상의 모든 일이 이와 마찬가지입니다.
자신이 품은 꿈과 가능성을 믿을 때 자력은 생겨나고 커집니다. 그리고 그 대상과 하나가 될 때 자력은 커집니다.
여러분이 원하는 꿈과 하나가 될 때 꿈이 자력에 의해 척, 붙어서 끌려옵니다.
여러분이 원하는 꿈과 하나가 되어 보십시오.
믿는 만큼 이룹니다.
"세상에 공짜는 없다."
"우연은 없다."

그리고 뿌린 대로 거둔다는 단순하고 명확한 이치를 이 『어린이를 위한 시크릿』을 통해 배우게 될 것입니다. 감사합니다.

2007년 12월 6일 　 윤태익

꿈★을★이★루★는★일★곱★가★지★비★밀

차례

10 입학식 /일곱 아이들 비밀 학교에 가다

― 무엇이든지 새롭게 시작할 때는 낯설고 힘들지요? 비밀 학교에 입학하는 일곱 친구들과 함께 새로운 만남을 시작해 보아요. 만남이 얼마나 소중한지 알게 될 거예요.

24 첫째 날 /비밀의 정원에서 그림 그리기

― 좋아하는 것, 하고 싶은 것, 되고 싶은 것이 너무 많은데 잘 안 되어 고민인가요? 호란이처럼 자신감이 없는 친구들은 마음 속에 숨겨 둔 재능의 소리에 귀 기울여 보아요.

48 둘째 날 /비밀 학교 마라톤 대회

― 학교 시험, 체육 대회 등 우리 주변에는 순서를 정하는 일이 너무 많지요? 항상 이런 순서 때문에 고민이 된다면, 먼저 자신의 목표를 떠올려 보세요.

70 셋째 날 /오늘은 대청소의 날

― 미래의 위대한 지도자가 되고 싶다고요? 지도자는 사람의 마음을 얻는 사람이에요. 사람들의 마음을 어떻게 얻을까요? 그 비밀을 찾아보아요.

90 넷째 날 /담력 훈련 중에 생긴 일

– 담력 훈련, 모둠 토의, 대청소, 환경 미화 등 여럿이 하는 활동이 늘 어려운가요? 항상 자신의 입장만 고집하지 말고, 다른 친구의 입장도 생각하는 여유를 가져 보아요.

114 다섯째 날 /소심 대왕의 깊은 고민

– 혹시 자신이 소심하다고 생각하나요? 아니면 지금 이 순간에도 많은 걱정들 때문에 머리가 아픈가요? 그렇다면 모모를 만나 보아요.

140 여섯째 날 /아주 높은 뜀틀

– 손이 불편해서, 다리가 불편해서 하지 못한다고 생각하는 일들이 있나요? 그러나 이런 장애는 모두 마음먹기 나름이에요. 자신감이 부족한 친구들에게 꼭 필요한 해답이 숨겨져 있으니 꼭 찾아보아요.

166 일곱째 날 /비밀 학교 패션 쇼

– 나쁜 줄 알지만 쉽게 고쳐지지 않는 습관이 있나요? 세 살 버릇 여든까지 간다는 말처럼 습관은 좀처럼 고치기가 힘들죠. 하지만 그런 나쁜 습관도 자신의 감정을 잘 이해하면 극복할 수 있어요. 지금부터 함께 시작해 볼까요?

190 졸업식 /비밀 학교 졸업식

– 비밀 학교에서 배운 일곱 가지 소중한 비밀을 가슴 가득 채워 두었나요? 이제 생활 속에서 그 비밀들을 하나하나 실천한다면 여러분은 꿈을 이룰 수 있어요.

애들아, 꿈을 가져라.
소망을 가져라.
기대를 가져라.
.
.
.
.
.
.
간절히 원하면
.
.
.
이루어질 거야.

입학식 : 일곱 아이들 비밀 학교에 가다

하늘이 높고 푸르른 날, 일곱 명의 또래 아이들이 학교 정문을 지나 운동장으로 걸어갔다. 그런데 아이들의 얼굴은 하나같이 일그러져 있었다. 마치 생마늘이라도 씹은 것 마냥.

발로 땅을 걷어차는 아이가 있는가 하면 '후유~' 하고 한숨을 내쉬는 아이도 있고, '으악~' 하고 고래고래 소리를 지르는 아이도 있었다. 심지어 어떤 아이는 머리를 쥐어뜯으며 괴로워하기도 했다.

도대체 아이들은 뭐가 그리 못마땅할까?

곱슬머리 래오가 오른쪽 입꼬리를 치켜 올리며 먼저 입을 열었다.

"엄마는 왜 이곳에 날 보낸 거야? 엄마를 정말 이해할 수 없어."

그러자 두 갈래 머리를 길게 딴 수린이가 바로 맞장구를 쳤다.

"어른들은 정말로 이상해."

다른 아이들도 고개를 끄덕이며 다들 동조했다.

아이들은 운동장 한가운데를 가로질러 큰 나무 밑으로 걸어갔다.

뚱뚱보 우주가 한 마디 툭, 뱉었다.

"야, 너희들 혹시 먹을 거 없니? 왜 이렇게 배고프지?"

"우주 넌, 매일 먹는 것 타령이냐? 도대체 네 뱃속엔 뭐가 들었냐?"

호란이는 우주의 배를 통통, 두드리며 놀렸다.

그러자 우주는 느끼한 표정을 짓더니 호란이에게 한 걸음 다가서며 말했다.

"내 뱃속에 너 있다."

"우-웩!"

호란이는 구토하는 시늉을 하며 진저리를 쳤다.

그 모습이 어찌나 우스운지 아이들은 하하하, 호호호 웃으며 즐거워했다.

바로 그 때, 아이들의 웃음소리를 뚫고 저 멀리서 발소리가 났다.

"톡톡톡."

마치 딱따구리가 나무를 쪼는 듯한 소리였다.

"톡톡톡."

검은 선글라스를 쓴 여자의 하이힐 소리였다.

아이들은 일제히 그 여자를 바라보았다.

"누구지?"

"혹시, 선생님 아닐까?"

"선생님이 선글라스 쓴 거 봤냐?"

선글라스 여자가 드디어 아이들 앞에 가까이 닿았다.

"여러분, 안녕하십니까?"

"예. 안녕하세요?"

"반갑습니다."

선글라스 여자는 지휘봉으로 교실을 가리키며 말을 이었다.

"지금부터 저 쪽으로 이동합니다. 나를 따라오세요. 알겠습니까?"

"……."

"왜 대답이 없습니까?"

선글라스 여자의 눈빛은 선글라스 때문에 전혀 보이진 않지만 왠지 강한 눈빛으로 아이들을 쏘아보는 듯했다.
"다시 한 번 말합니다. 나를 따라오세요. 알겠습니까?"
선글라스 여자의 갑작스런 큰소리에 아이들은 깜짝 놀라 얼떨결에 크게 대답했다.
"예."

선글라스 여자를 따라 아이들은 교실로 향했다. 복도가 꽤 길었다.
복도 끝에 선글라스 여자가 멈춰 섰다.
"다 왔습니다. 자, 교실 안으로 들어가세요."
아이들은 교실 안으로 들어가길 망설였다. 그 이유는 교실 문에 용과 뱀이 어우러진 문양이 뚜렷하게 새겨져 있었기 때문이다. 낯설기도 하고 한편으로는 좀 무서운 생각도 들었다.
"어서 들어가세요."
다들 망설이고 있을 때 래오가 문 손잡이를 잡았다.
"내가 열 테니까 따라 들어와. 알았지?"
"그래, 알았어."

래오가 문 손잡이를 힘껏 밀었다.

"휘이익~."

바로 그 때, 교실 안에서 아주 강한 회오리바람이 불어왔다.

"어, 내 몸이 날아갈 것 같아!"

아이들은 다리에 힘을 힘껏 주며 버텼다. 잠시 뒤, 회오리바람이 멈췄다.

"후유~."

아이들이 안도의 한숨을 내쉴 틈도 없이 이번에는 강렬하고 하얀 빛이 쏟아져 나왔다.

"으악! 앞이 하나도 안 보여!"

너무나 눈이 부셔 도저히 앞을 쳐다볼 수가 없었다.

아이들은 빛이 조금 수그러들자 천천히 눈을 뜰 수가 있었다.

그런데 이번에는 귀가 또 놀랐다.

갑자기 폭죽 소리가 나더니 아이들의 머리 위로 무지개 색 종이와 반짝이가 눈 내리듯 내려왔다. 아이들은 깜짝 놀라 움츠렸다.

폭죽을 터트린 사람은 눈썹이 유난히 길고 귀밑머리가

조금 하얀, 50대 후반 정도의 남자였다.

아이들은 놀란 토끼눈을 하고 남자를 쳐다보았다. 그 남자 얼굴은 참으로 따뜻하고 너그러워 보였다. 남자는 환한 미소를 보이며 아이들을 반겼다.

"어서들 오너라. '비밀 학교'에 입학한 걸 환영한다."

아이들은 머리와 어깨 위에 묻어 있는 색종이와 반짝이를 털어 냈다.

"자, 여기 보렴."

남자는 손으로 칠판 위쪽을 가리켰다. 그곳에 현수막이 걸려 있었다. 현수막에는 다음과 같이 적혀 있었다.

[제1회 비밀 학교 입학을 축하합니다.]

"여러분의 입학을 축하하는 깜짝 쇼를 나름대로 준비했는데 많이 부족했지?"

아이들은 아무런 반응이 없었다. 아이들은 낯선 교실과 낯선 남자와 낯선 입학식 때문에 마음의 문을 아직 열지 않았다. 그리고 사실, 깜짝 쇼라고 말하기에는 부족한 면이 조금 있었다.

남자는 넉넉한 웃음을 보이며 말을 이었다.

"하하하. 아무튼 여러분의 입학을 진심으로 축하해. 자, 그럼 모두들 자리에 앉도록 하렴."

아이들은 의자를 잡아당겨 앉았다.

"먼저 나를 소개할게. 난 '시크릿' 이야. 이름이 좀 독특하지? 내 이름 갖고 놀리면 안 된다. 알았지?"

"예."

아이들은 마음이 열렸는지 큰 소리로 대답을 했다.

"여러분, 이 학교 이름이 뭔 줄 알지?"

우주가 씩씩하게 대답했다.

"비밀 학교요."

"그래 맞았어. 여기는 바로 **'비밀 학교'** 야. 지금부터 일 주일 동안 이곳 비밀 학교에서 여러분과 나는 함께 보내게 될 거야."

"일 주일씩이나요? 엄마가 그런 말 안 했는데."

수린이가 고개를 갸우뚱거리며 말했다.

"처음엔 지루하게 느껴질지도 모르지. 그러나 마지막 헤어질 날에는 아마 더 있고 싶다고 난리일 거야."

시크릿은 칠판에 무언가를 적기 시작했다.

칠판에는 다음과 같이 적혀 있었다.

[마음먹기에 달렸다.]

시크릿은 이어 말했다.

"여러분, 이런 말 들어봤지? 어쩌면 이 말은 가장 쉽고, 누구나 할 수 있는 평범한 말인지도 몰라. 그러나 이 말을 믿고 실천하는 사람과 그렇지 않은 사람의 차이는 엄청나게 커서 나중에 그 결과도 엄청나게 다르단다. 이곳 비밀 학교에서 여러분은 자신을 이기고 꿈을 이루는 마음가짐을 배우게 될 거야."

시크릿은 등 뒤에서 무언가를 꺼냈다. 그건 바로 자석이었다.

"여러분, 이게 뭔 줄 알지?"

"자석이요."

"그래. 자석이야. 지금부터 내 얘기를 잘 듣도록 해. 이건 자석이기도 하고 여러분 자신이기도 하지. 왜냐하면 여러분은 모든 것을 끌어당길 수 있기 때문이야. 마치 자석처럼."

시크릿은 모모의 눈을 바라보며 말했다.

"모모, 네가 자석이라면 넌 무엇을 끌어당기고 싶니?"

소심대장 모모는 머리를 긁적일 뿐 아무 말도 못했다.

"그래 좋아. 모모가 대답은 못했지만 분명 모모는 끌어당기고 싶은 무언가가 있을 거야. 만약 모모가 축구를 좋아하는데, 축구공이 없다면 당연히 축구공을 끌어당기고 싶겠지."

시크릿은 잠시 말을 멈추고 래오, 지누, 수린, 모모, 호란, 우주, 제노를 보며 한 명 한 명의 눈을 일일이 마주쳤다. 그리고 다정한 미소를 지으며 말했다.

"난 일 주일 동안 여러분과 함께 지내면서 여러분이 끌어당기고 싶은 것, 즉 간절히 원하는 것을 다 얻을 수 있도록 도울 생각이야. 그래서 일 주일 뒤, 변화된 자신의 모습을 보고 기뻐하며 집으로 돌아갈 수 있었으면 한다. 이상 입학식을 마치겠다."

아이들은 시크릿의 말을 전부 이해할 수 없었지만, 뭔가 새로운 변화가 올 거라고 짐작할 수 있었다. 그리고 아이들은 마음 속에 작은 꽃망울들이 톡톡톡, 터지는 듯한 설렘을 느꼈다. 드디어 비밀 학교의 첫날이 시작되고 있었다.

첫째 날
재능의 비밀

재능은 하늘이 준 선물이야.
하지만 억지로 찾으려면
보이지 않는 게 재능이기도 해.
네 잎 클로버처럼…….
그래서 자신을 믿는 게 중요해.
'나는 재능이 있다!'
'나에겐 네 잎 클로버가 있다!'
꿈을 이루기 위해 찾아야 할 재능은
늘 자기 안에 있는 법이거든.

비밀의 정원에서
그림 그리기

비밀의 정원에서 그림 그리기

　　시크릿이 납작한 화가 모자를 쓰고 교실로 들어왔다.
　아이들은 모자를 쓴 시크릿의 모습이 어쩐지 낯선 모양이다.
　지누가 먼저 모자에 대해 입을 열었다.
　"시크릿, 웬 모자예요?"
　시크릿은 오른쪽 어깨를 살짝 들어올리며 멋진 폼을 잡았다.
　"화가처럼 기분 좀 냈다. 어때? 모자가 잘 어울리니?"

"예. 정말로 화가 같아요."

"고맙구나. 자, 그럼 나가도록 하자."

아이들은 시크릿의 말에 따라 미술 도구를 주섬주섬 챙겨 모두 밖으로 나왔다.

지누가 눈을 깜빡거리며 낭랑한 목소리로 말했다.

"시크릿, 지금 우리 어디로 가요?"

"시원한 바람도 쐬고 푸른 하늘도 보고, 새들이 지저귀는 노랫소리도 들으며 그림을 그릴 수 있는 곳, 바로 비밀의 정원이다."

"비밀의 정원요?"

"그래. 곧 보게 될 거야."

시크릿은 교실 뒤편으로 걸어갔다.

"룰루랄라~."

아이들은 콧노래를 부르며 뒤따라갔다.

잠시 뒤, 시크릿과 아이들은 비밀의 정원에 도착했다.

순간, 놀란 아이들은 두 눈이 휘둥그레졌고 입을 다물지 못했다.

수천, 아니 수만 송이의 꽃들이 드넓은 대지에 활짝 펼쳐져 있었다. 그리고 그곳은 새 소리와 나무 속삭임, 바

람 향기로 가득 차 있었다.
 수린이는 함박웃음을 보이며 말했다.
"와~. 정말 멋있어요."
 우주도 활짝 핀 얼굴로 말했다.
"이렇게 많은 꽃은 처음이야."
 지누도 제노도 래오도 모모도 호란이도 수많은 꽃들에게 마음을 빼앗겼다.

"시크릿, 학교 안에 이런 곳이 있는 줄 몰랐어요. 그런데 이렇게 많은 꽃은 누가 다 키워요?"

래오가 시크릿을 바라보며 물었다.

시크릿은 손가락으로 하늘을 가리키며 말했다.

"하늘이 키워 주지. 빛도 주고 물도 주잖니."

시크릿의 말에 아이들은 모두 고개를 끄덕였다.

"자, 모두 준비됐지? 그럼 미술 도구를 꺼내서 자기가 그리고 싶은 걸 그리도록 하렴."

"예."

슥슥삭삭.

삭삭슥슥.

아이들은 상상의 나래를 펴며 저마다 구상한 그림을 스케치북에 그리기 시작했다.

속도가 빠른 아이는 밑그림을 마치고 벌써 크레파스를 칠했고, 여전히 밑그림을 그리는 아이도 있었다.

어느덧 40여 분이 흘렀다.

가장 먼저 제노가 그림을 들고 시크릿에게 다가왔다.

"시크릿, 다 그렸어요."

"어, 제노는 나비와 꽃을 그렸구나. 참 아름답구나!"

이어 수린이도 그림을 내밀었다.

"전 아주 키가 큰 나무를 그렸어요."

"그렇구나. 큰 나무가 구름의 엉덩이를 간지럼 태우고 있네."

이어 래오도 모모도 우주도 지누도 자기가 그린 그림을 내밀었다. 아이들의 그림에는 각자 자기만의 개성이 잘 드러나 있었다.

그런데 호란이만 그림을 완성하지 못했다. 아이들은 호란이를 재촉했다.

"야, 아직도 밑그림 그리냐? 그러다 날 새겠다."

호란이는 입술이 바짝 말랐다. 마음만은 최고로 잘 그리고 싶었지만, 자기 뜻대로 되지 않아 답답했다. 호란이의 얼굴은 사과처럼 붉어졌다.

"후유~. 왜 이렇게 안 그려지지?"

호란이가 답답한 마음에 머리를 긁적였다. 아이들은 호란이의 그런 마음도 모른 채 놀려 댔다.

"에헤헤, 이게 뭐냐?"

"하하하, 저게 꽃이냐? 응가냐?"

아이들의 놀림에 마침내 호란이의 감정이 폭발했다.
"너희들 저리 가!"
호란이는 스케치북을 내팽개치고 참았던 눈물을 쏟기 시작했다.
"아앙~."
호란이가 갑작스레 울음을 터트리자 아이들은 어리둥절했다. 그러나 시크릿은 호란이의 마음을 조금 이해할 수 있었다.

"자, 이제 그만 하고 가자."
잠시 후, 그리기 시간이 끝나고 아이들은 서로 자기가 그린 그림을 자랑하며 교실로 향했다.
맨 뒤에서 터벅터벅 힘없이 걸어가고 있는 호란에게 시크릿이 다가갔다.
"호란아, 속상하지?"
호란이는 힘없는 목소리로 말했다.
"시크릿, 난 재능이 없나 봐요. 뭐 하나 잘 하는 게 없어요."
시크릿은 호란이의 머리를 쓰다듬어 주며 말했다.

"그렇지 않아. 누구에게나 자기만의 재능이 있기 마련이지. 다만 넌 아직 발견하지 못했을 뿐이야. 호란아, 여기 좀 보겠니?"

시크릿은 손바닥을 쫙, 폈다.

"여기 지문 보이지? 사람들은 모두 지문을 가지고 있단다. 그러나 자기와 똑같은 지문을 가지고 있는 사람은 이 세상에 없단다. 재능도 마찬가지야. 사람마다 자기에게만 주어진 재능이 있단다. 호란이 너에겐 네게 맞는 재능이 있지."

호란이는 시크릿의 말을 의심했다.

"시크릿, 그게 정말이에요? 내 안에도 나만의 재능이 정말 있어요?"

시크릿은 확신에 찬 말투로 말했다.

"물론이지. 너에겐 너만의 특별한 재능이 있어. 그 특별한 재능은 아주 위대하고 거대하단다. 자, 이 그림을 잘 보렴."

시크릿은 스케치북에 자그마한 세모를 그렸다.

"이게 뭘로 보이니?"

"작은 세모요."

"그래 작은 세모다. 이 세모는 지금 네 모습이란다. 그러나 잘 보렴. 이렇게 그리면 달라 보일 거다."

"이건 거대한 빙산이야. 물 밖에서 보면 아주 작은 세모만 보이지만, 물 밑에는 엄청난 크기의 빙산이 숨겨져 있지. 너도 마찬가지란다. 네 안에는 이 빙산과 같은 잠재 능력이 숨겨져 있단다. 앞으로 살아가면서 그걸 발견하는 게 너의 일이지. 알겠니?"

호란이는 고개를 끄덕였다. 그러나 한편으로는 자신 안에 엄청난 잠재 능력이 과연 있을까, 하는 의구심이 여전히 들었다.

"내 안에 그런 엄청난 잠재 능력이 과연 있을까요?"

시크릿은 단호한 말투로 말했다.

"너 자신을 믿으렴. 네 안에 잠재된 힘을 믿으렴. 벼룩의 몸길이는 보통 3mm인데, 그는 최고 33cm 가량을 뛸 수 있단다. 이것은 사람이 63빌딩 높이까지 뛰어오르는 것과 마찬가지야. 호란아, 너 벼룩에게 지고 싶니? 난 호란이가 벼룩보다 훨씬 더 대단하다고 믿는다. 그렇지 않니?"

"물, 물, 물론 그렇죠."

호란이는 입술을 손가락으로 살짝 잡아당기며 말했다.

"그런데 전 그림을 잘 그리는 친구가 있으면 그 친구처럼 그림을 잘 그리고 싶고, 영어를 잘 하는 친구가 있으면 그 친구처럼 영어도 잘 하고 싶어요. 피아노를 잘 치는 친구가 있으면 나도 피아노를 잘 치고 싶고. 모두 다 잘 할 수 있는 방법은 없나요?"

시크릿은 미소지으며 말했다.

"물론 다 잘 하면 좋겠지. 그러나 인간은 모든 것을 다 잘 할 수는 없단다. 괜히 남의 흉내를 내기보다는 자기가 가장 잘 할 수 있는 걸 찾는 게 더 현명한 일이지."

강아지 한 마리와 나귀 한 마리를 기르는 집이 있었어. 강아지는 밖에서 주인이 돌아올 때마다 꼬리를 치며 친근하게 짖어댔지.

주인은 자신을 반겨 주는 강아지가 참으로 귀엽고 예뻤단다.

"오호, 귀여운 내 강아지. 네가 좋아하는 소시지다. 어서 먹어라!"

이를 지켜보던 나귀는 마음 속에 부러움과 질투심이 생겼어.

"주인님은 너무해. 나는 하루 종일 일하는데 매일 채찍질만 하고, 강아지는 아무것도 하지 않는데 예뻐해 주고."

나귀는 자신도 주인에게 예쁨을 받기 위해 강아지

처럼 행동하기로 마음먹었지.

다음 날, 나귀는 주인이 들어올 때를 기다렸다가 자신도 큰 소리를 내며 가까이 다가갔어. 나귀가 발굽으로 주인의 어깨를 짚고 혀를 내밀자 주인은 깜짝 놀랐어.

"이 나귀가 미쳤나? 일하기 싫어서 꾀를 부리다니. 이럴 때는 매가 최고지."

주인은 나귀를 밀쳐 내더니 찰싹찰싹 호되게 채찍질을 했단다.

"나귀에게는 나귀만의 일이 있는데, 나귀가 강아지 흉내를 내면 곤란하겠지? 모든 사람에게는 자신만의 독특한 재능이 있단다. 그러니 자신에게 맞지 않는 일을 억지로 하려고 하지 마라. 자신에게 맞지 않는 일을 하려 하면 좋은 성과를 얻기 힘들 뿐더러 쉽게 지치기 마련이거든. 네가 가장 잘 할 수 있는 일, 가장 좋아하는 일을 찾아보렴. 자신에게 딱 맞는 일이 분명히 있을 테니까 말이야."

기분이 훨씬 밝아진 호란이는 갑자기 마음이 급한 듯

발을 동동 구르며 말했다.

"빨리 제 재능을 찾고 싶어요. 지금 당장요."

"하하. 너무 서두르지 마. 너에겐 충분한 시간이 있단다. 그리고 자기만의 재능을 찾기까지는 시간이 필요해. 재능은 어느 순간 네 앞에 모습을 드러낼 수도 있지만 아주 오랫 동안 꼭꼭 숨어 있을 수도 있단다."

시크릿은 호란이와 눈을 마주치며 이어 말했다.

"슈바이처 박사도 마찬가지지. 그는 목사의 맏아들로 태어나 아버지 권유로 철학과 신학을 공부했단다. 그래서 1899년 철학 박사 학위를 받았지. 그리고 그 이듬해 신학 박사 학위를 받았단다. 또한 1893년 스트라스부르에서 오르간 연주자로 활동하기 시작해 곧 능숙한 음악가가 되었지. 그러나 그는 거기에 멈추지 않고 자신이 진정으로 하고자 하는 일을 찾았단다. 그게 바로 의사였어. 뒤늦게 의사가 된 그는 아프리카로 의료 봉사를 떠났고, 평생을 불우한 이웃들을 위해 의술을 펼쳤단다. 중요한 건 재능을 찾기 위해서 뜨거운 열정으로 끊임없이 도전하는 거란다."

시크릿은 호란이의 어깨를 토닥거리며 말했다.

"호란아, 네 안의 재능에게 한 번 큰 소리로 이렇게 말해 보렴. 자, 나를 따라해 보거라."

"재능아, 꼭꼭 숨어도 소용 없다. 그래도 내가 널 찾을 수 있으니까!"

호란이는 시크릿이 한 말을 큰 소리로 따라했다.

"재능아, 꼭꼭 숨어도 소용 없다. 그래도 내가 널 찾을 수 있으니까!"

호란이는 어깨를 으쓱했다. 그러고는 생기 넘치는 발걸음으로 아이들에게 달려갔다. 마음 안에 뜨거운 열정의 꽃이 마구 피어나는 듯했다.

"애들아, 같이 가자!"

호란이의 뒷모습을 보며 시크릿은 흐뭇한 미소를 짓고 있었다.

시크릿은 재능의 비밀을 그렇게 아이들에게 전해 주었다.

시크릿 노트
카라얀의 재능 찾기

으앙~.
1908년 오스트리아의 작은 마을에 한 아이가 태어났다. 아이 이름은 '카라얀' 이었다.

세월이 흘러, 카라얀이 사춘기 소년이 되었다.
"카라얀, 넌 내 실력을 따라올 수 없어."
카라얀은 늘 형에게 열등감을 가졌다. 형은 카라얀보다 덩치도 크고, 피아노도 잘 치고, 운동도 뛰어났다. 모든 면에서 뛰어난 형을 볼 때마다 카라얀은 형이 부럽기도 하고, 형이 밉기도 했다.

또 세월이 흘러 카라얀이 대학에 입학할 때가 되었다.
엄마는 카라얀을 불렀다.
"카라얀, 넌 어느 과에 가고 싶니?"
카라얀은 망설임 없이 대답했다.
"형이 다니는 공과 대학에 가고 싶어요."
"형이 하는 거라면 나도 할 수 있어요."
그러나 공과 대학에 입학한 카라얀은 곧 후회했다. 적성에 맞지 않는 수업에 흥미를 잃어 학업도 곧 포기했다.

카라얀은 나무 그늘에 앉아 고민했다.

'난 무엇을 하면 좋을까? 나도 잘 하는 것이 있을까?'

카라얀은 피아니스트가 되기로 마음을 먹었다. 그리고 열심히 노력한 덕분에 꽤 인정받는 실력을 쌓을 수 있었다. 그러나 시간이 지날수록 피아노 치는 것이 즐겁지 않았다.

그래서 카라얀은 피아노 치는 걸 그만뒀다. 자신이 진정으로 원하는 걸 찾고 싶었던 것이다.

그러던 어느 날, 음악 선생님이었던 파움가르트너가 그를 찾아와 말했다.

"카라얀, 지휘자의 길을 가는 게 어떤가?"
"선생님, 저에게 그런 재능이 있을까요?"
"자네 자신을 믿게."

그 날 이후로, 카라얀은 지휘 공부에 집중했다. 지휘 공부를 하는 하루하루가 참으로 즐거웠다.

"그래, 바로 이거야. 나에게 딱 맞는 일이야!"

힘든 줄 모르고 공부에 집중한 카라얀은 1929년 독일 울름 오페라 극장의 지휘자가 되었다.

그의 노력은 계속되어 유럽 유명 악단의 상임 지휘자로 세계적인 이름을 날렸다. 또 1989년 세상을 떠난 뒤에도 여전히 사랑받는 지휘자로 기억되고 있다.

시크릿 박스

타고난 재능이란 없다. 다른 사람들로부터 인정받기 위해서는 쉬지 않고 연습하는 것이 최선이다.
– 타이거 우즈 (골프 선수)

아무리 뛰어난 재능이라고 해도 그 재능을 뒷받침해 줄 땀과 열정이 없다면, 그 재능은 거품과도 같아요. 또 자신이 하고 싶은 일에 최선을 다하다 보면 숨은 재능을 발견하게 돼요. 그러니 열심히 해 보세요.

용기 속에는 천부적인 재능과 힘, 마법이 있다. 지금 당장 그 일을 시작하라.
– 요한 볼프강 폰 괴테 (독일 문학가)

타고난 재능도 용기가 있어야 마음껏 꽃 피울 수 있어요. 또 용기가 있으면 평범함도 뛰어난 재능으로 바꿀 수 있고요. 그러니 꿈이 있다면 할 수 있다는 용기를 가지고 지금 당장 도전하세요.

만약 마음 속에서 '나는 그림에 재능이 없는 걸'이라는 음성이 들려오면, 반드시 그림을 그려 보아야 한다. 그 소리는 당신이 그림을 그릴 때 잠잠해진다.
– 빈센트 반 고흐 (네덜란드 화가)

재능을 발견하는 것만으로 꿈을 이룰 수는 없어요. 오

히려 재능이 기대에 미치지 못해 괴로울 수도 있어요. 그럴 땐 마음을 가다듬고 자신의 일에 더 집중해 보세요. 재능은 믿음을 가지고 끝까지 달려가는 사람에게 자신의 힘을 보여 준답니다.

재능이 없다고 말하는 사람들은 대부분 시도해 본 일이 별로 없는 사람들이다.

– 앤드류 매튜스 (호주 작가)

시도하지 않으면 아무것도 얻을 수 없어요. 재능이 없다고, 안 된다고 미리 겁먹지 말고 과감하게 도전하세요. 열심히 노력하다 보면 자기도 몰랐던 재능의 힘을 만날 수 있을 거예요. 도전, 그것은 내 안의 또 다른 나를 만나는 통로랍니다.

나에겐 특별한 재능이 있는 것이 아니다. 단지 호기심이 굉장히 많을 뿐이다.

– 알베르트 아인슈타인 (독일 물리학자)

손을 뻗어야 잡을 수 있고, 먹어 봐야 맛을 알 수 있듯 자기가 이루고자 하는 꿈이 있다면, 그 분야에 대해 많은 호기심을 가져야 해요. 늘 그 분야에 대해 관심을 갖고 연구하고 개발해야 하는 거지요. 이제 자신의 꿈에 귀 기울이고 대화를 나누고 껴안아 보세요. 그럼 어느새 꿈은 눈앞에서 이루어진답니다.

1%의 시크릿

내 얘기 좀 들어볼래?

내 이름은 로댕.
내 나이 22살 때,
사랑하는 누나가
갑자기 세상을 떠났다.

누나와 **영원한 이별**을 한 나는
하늘이 무너지는 듯했다.
나는 살아갈 이유를 잃었다.

나는 직장도 그만두고
조각 공부도 그만두었다.
그리고는 **수도원**에 들어가 수도사가 되었다.

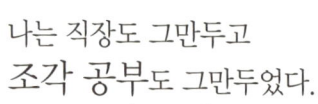

어느 날, 수도원 원장 신부님이
망가진 연장을 고치라고 했다.
**나는 창고에서 연장을 고치다
나도 모르게
나무를 다듬기 시작했다.**

한 번 조각에 빠져들면
정신을 잃을 정도로 열심이었다.
나의 그런 모습을 보고
원장 신부님은 말했다.

"로댕, 자넨 수도사보다는 조각가가 되어야 해!
자네의 재능을 썩히지 말게."

나는 깊이 생각했다.
'누나도 하늘나라에서
내가 조각가가 되길 원할 거야.'

나는 조각을 다시 시작했다.
내가 가장 잘 하는 것,
그게 나의 길이고 나의 재능이다.

나는 그 후,
조각에 모든 인생을 다 걸었다.
열정과 노력을 다 쏟았다.
나는 결국 '생각하는 사람'이라는
위대한 조각품을 만들어 냈다.

첫째 날 | 47

둘째 날
목표의 비밀

네가 나에게 그랬듯,
나 역시 너를 이기는 게
목표가 아니야.
내가 원하는 건
너와 함께 가는 거야.
우리의 꿈을 위해
영원히…….

비밀 학교
마라톤 대회

비밀 학교 마라톤 대회

"자, 그럼 지금부터 [제1회 비밀 학교 마라톤 대회]를 시작하겠다. 다들 각오는 돼 있지?"

"예."

아이들은 야무진 표정으로 대답했다.

"각자 몸을 가볍게 풀면서 내가 하는 말을 잘 듣도록 해라. 이번 마라톤에서 1등을 한 사람에겐 아주 큰 선물을 줄 거다."

시크릿의 말에 우주가 침을 꿀꺽 삼키며 물었다.

"1등 선물이 초콜릿 아닌가요?"

옆에 있던 호란이가 우주의 옆구리를 찌르며 말했다.

"우주 너는 매일 먹는 것 타령이냐! 어휴~."

시크릿이 말했다.

"선물은 비밀이다. 그러나 이 선물은 그 어떤 것보다도 더 훌륭하다. 그러니 열심히 뛰기 바란다."

우주가 입술을 빼쭉 내밀며 혼잣말로 중얼거렸다.

"지누는 육상부니까 1등할 게 뻔할 텐데."

시크릿은 아이들에게 마라톤 코스를 설명했다.

"교실 뒤편에 있는 비밀의 정원을 지나면 작은 샛강이 나온다. 샛강을 끼고 돌다가 길이 끝나는 곳에 도착하면, 징검다리로 샛강을 건너라. 그러면 긴 터널이 나오고 그 긴 터널을 지나면 학교 정문이 보일 거야. 최선을 다하기 바란다. 알았지?"

"예."

아이들은 출발선에 섰다.

시크릿은 아이들에게 짧은 이야기 하나를 들려줬다.

"출발하기 전에 이야기를 하나 들려주마."

오래된 시계가 새 시계에게 말했지.

"일 년에 3천2백만 번을 움직여야 하는데 버틸 수 있을지 네가 좀 걱정이 되는걸."

"세상에나! 3천2백만 번이나 움직여야 한다고?"

새 시계는 너무 놀라서 말했어.

그러자 오래된 시계가 미소지으며 말했단다.

"너무 걱정 마. 3천2백만 번을 세면서 걸을 필요는 없어. 넌 그냥 1초마다 째깍 소리를 내며 한번 움직이면 돼."

"그 정도 일이라면 나도 한 번 시도해 볼게."

새 시계는 매초마다 가볍게 '째깍' 소리를 내며 열심히 움직였고, 어느 새 1년이 지났지.

새 시계는 가뿐하게 3천2백만 번을 움직일 수 있게 된 거란다.

시크릿이 아이들을 둘러보며 말을 이었다.

"1초가 모여 일 년에 3천2백만 초가 된단다. 시계의 초침처럼 각자가 정한 목표를 향해 한 걸음 한 걸음 최선을 다해 뛰기 바란다. 그럼 반드시 좋은 결과가 있을 것이다. 알겠지?"

"예."

탕!

출발 신호와 함께 아이들이 힘차게 발을 내딛었다. 지누가 가장 앞으로 뛰어나갔다. 그리고 꼴등은 당연히 뚱뚱보 우주였다.

지누는 비밀의 정원에 들어섰다. 꽃들은 마치 지누의 1등을 축하라도 하듯 꽃잎을 흔들어 댔다. 지누는 꽃향기를 맡으며 열심히 달렸다. 그리고 좀 뒤쳐진 곳에 2등 그룹이 형성되었다. 래오와 모모. 그리고 나머지 아이들은 1등과 아주 많이 차이가 났다.

지누가 비밀의 정원을 지나 샛강에 도달했을 때 우주는 이제야 비밀의 정원에 도착했다.

"후유~ 힘들어. 벌써부터 배고프네."

우주는 뚱뚱한 몸 때문에 많이 힘겨워했지만, 그래도 멈추진 않았다. 나름대로 최선을 다해 달렸다.

한 30여 분이 지났을까?

지누의 속도도 처음과는 달리 많이 느려졌다. 온몸이 땀범벅이 되었고, 숨이 턱밑까지 차올랐다. 한 걸음 한 걸음 내딛는 것이 참으로 고통스러웠다. 결국, 지누는 샛강이 끝나는 길에서 주저앉고 말았다.

"더는 못 가겠다."

그래도 어차피 1등은 지누의 몫이었다. 다른 아이들이 따라오려면 아직도 멀었다.

다른 아이들은 지누에게 아주 많이 뒤쳐졌지만, 그래도 쉬지 않고 계속 달렸다. 물론 우주도 마찬가지였다. 우주는 젖 먹던 힘까지 내며 열심히 달렸다.

마라톤을 무사히 끝내고, 드디어 1등 수상식이 남았다.

시크릿은 입을 열었다.

"이번 1등은 바로!"

지누는 앞으로 한 걸음 나왔다. 자기가 가장 먼저 도착했기에 당연히 자기 이름이 불릴 거라 생각했다.

"이번 마라톤 대회 1등은 바로 우주다!"

시크릿은 우주를 불렀다. 순간, 아이들의 두 눈은 휘둥그레졌다. 다들 당황한 표정이 또렷하였다. 지누는 시크릿에게 바로 항의했다.

"시크릿, 도대체 1등이 왜 우주죠? 우주는 가장 꼴등으로 들어왔잖아요?"

"지누야 진정하고 내 말을 들어보렴. 내가 생각하는 1등이란 바로 이런 사람이다. 목표를 정하고 그 목표를 성실하게 달성한 사람이다. 너희들이 목표 거리를 적어 낸 쪽지를 보니 우주만이 목표 거리를 채웠다. 비록 남보다 목표 거리가 적었지만 말이다. 그러나 너희들은 목표 거리에 다 도달하지 못했다. 그래서 우주가 1등이다."

아이들 대부분은 고개를 끄덕였다. 그러나 지누 만큼은 고개를 내저었다. 시크릿이 내

린 판정에 따를 수가 없었던 것이다.

"시크릿, 그런 게 어딨어요? 마라톤 대회에서 1등은 당연히 일찍 들어온 사람이에요. 제가 1등이란 말이에요!"

지누는 너무나 분하고 억울했다. 더욱이 뚱뚱보 우주에게 졌다는 사실이

자존심을 상하게 했다.

"이건 다 엉터리예요!"

지누는 닭똥 같은 눈물을 흘렸다. 그리고는 뒤로 돌아 큰 나무쪽으로 달려갔다.

"지누야~."

우주가 지누를 불렀지만, 지누는 돌아보지 않았다.

"지누야, 많이 속상하니?"

언제 왔는지 시크릿이 지누의 어깨를 어루만지며 속삭였다.

"시크릿, 너무해요. 분명 제가 1등이잖아요?"

"그래그래. 하지만 잘 들으렴. 너에게 특별한 선물을 주마. 그건 바로 목표의 비밀이란다. 잘 들어보렴. 어떤 일을 하기에 앞서 목표가 분명해야 한단다. 목표가 뚜렷하지 않으면 그만큼 열정도 흐릿해지기 마련이지."

플로렌스 채드윅이라는 수영 선수가 있었어. 영국 해협을 왕복한 최초의 여성이지.

그녀는 카타리나 섬에서 해안까지의 수영에 도전해 먹지도 않고, 마시지도 않고, 쉬지 않고 무려 16시간을 수영해야 했어. 그러나 도착점까지의 거리를 조금 남겨 두고 결국 포기하고 말았지.

하지만 그녀는 정확히 두 달 후 다시 도전했어.

안개가 짙게 낀 날씨로 수영하기에는 조건이 안 좋았지만 그녀는 성공했단다.

그녀는 행복하게 웃으며 이렇게 말했어.

"이번에는 내가 목표 지점을 마음 속으로 보고 있었기 때문에 끝까지 헤엄칠 수 있었습니다."

"목표가 있고 없고는 차이가 크단다. 목표가 있는 사람은 그 목표를 달성하기 위해 더더욱 열정을 쏟기 마련이지. 그러나 목표가 없는 사람은 쉽게 포기하고 만단다. 만약에 플로렌스 채드윅의 마음 속에 뚜렷한 목표가 없었다면, 두 번째 도전 역시 실패로 끝났을지도 몰라. 플로렌스 채드윅의 이야기처럼 목표는 열정에 열정을 더하는 힘을 준단다."

지누는 화가 덜 풀렸는지 퉁명스럽게 말했다.

"목표가 있다고 그 모든 것이 다 성취되나요?"

"그건 아니란다. 목표를 달성하기 위해선 목표를 향해 전력 질주를 해야 한단다. 씨앗을 뿌린 뒤 잘 가꿔야 열매를 거둘 수 있는 거지. 이야기를 하나 더 들려주마."

두 마리의 개구리가 신나게 놀다가 우유통에 빠졌단다. 그런데 통이 워낙 커서 살아 나오기가 힘든 상황이었어.

한 마리는 여기서 빠져 나오기 위해 필사적으로 헤엄을 쳤어. 하지만 다른 한 마리는 절망에 빠졌고, 그 개구리는 곧 죽고 말았지.

남은 한 마리는 필사적으로 나갈 방법을 찾으며 헤엄을 쳤다.

그러던 어느 순간, 개구리는 발 밑에서 이상한 감촉이 느껴졌어.

"어? 점점 우유가 굳어 가고 있네?"

우유를 계속해서 저은 결과, 우유가 버터로 변한 것이지.

결국 개구리는 단단히 굳어진 버터를 밟고 무사히 살아 나올 수 있었단다.

"두 개구리의 목표는 분명 우유통 밖으로 빠져 나가는 거였어. 한 마리는 그 목표를 이루기 위해 자신의 모든 것을 쏟아부었지. 그러나 다른 개구리는 중간에 포기하고 말았어. 이처럼 열정은 목표를 이룰 수 있는 열쇠란다."

지누는 서서히 화가 풀렸다. 그리고 손가락으로 입술을 만지작거리며 물었다.

"궁금한 게 있는데 우주에게 주실 1등 선물은 뭔가요? 아이스크림이나 초콜릿 같은 건가요?"

시크릿은 고개를 내저었다.

"그런 게 아니란다. 우주에게 준 선물은 바로 '성취감'이지. 꿈을 이루기 위해 도전하는 사람에게 자신이 정한 목표를 자신의 힘으로 해냈다는 성취감만큼 큰 선물은 없거든."

시크릿은 지누의 눈을 마주치며 물었다.

"지누야, 아직도 1등을 수상하지 못해 서운하니?"

이제야 지누는 환한 얼굴로 대답했다.

"아니요. 전 목표의 비밀이란 선물을 얻었잖아요."

"그래. 네가 그렇게 생각하니 이젠 내 마음이 참 흐뭇하구나."

지누는 시크릿에게 가볍게 눈인사를 하고 돌아갔다.

시크릿은 지누의 뒷모습을 보며 혼잣말로 중얼거렸다.

"아이들에게 목표의 비밀을 전해 줬군."

시크릿 노트

농구 황제 마이클 조던의 목표

어린 시절, 마이클 조던은 그리 부지런한 편이 아니었다. 어떤 일을 해도 늘 꾸물꾸물하고 귀찮아 했다.

하지만 여러 운동에 관심이 많았던 조던은 초등 학교 시절, 야구부에서 운동을 시작했다.

"그래, 조던. 이번에는 홈런을 날리렴!"

"알겠습니다."

타석에 들어선 조던은 자신감이 넘쳤다. 투수가 던진 공이 날아왔다.

"내가 가장 좋아하는 코스의 공이다. 이얍!"

조던이 친 공은 큰 포물선을 그리며, 저 멀리 날아갔다.

"호~옴런!"

조던은 팀을 우승으로 이끌었고, MVP 상을 받는 등 실력을 인정받았다. 그러나 그는 야구에 점점 흥미를 잃었다. 자신이 왜 야구를 해야 하는지, 알 수 없었기 때문이다.

고등학교에 간 조던은 농구부에 들어가 열심히 했다. 당연히 학교 대표 팀에 뽑힐 거라 믿었는데, 학

교 대표 팀 명단에는 그의 이름이 빠져 있었다.
"어? 내 이름이 왜 없지?"
그 순간, 충격을 받았다. 처음엔 큰 실망감에 빠졌지만, 충격이 그의 열정을 자극했다.
"그래, 이대로 물러설 수 없어!"

마이클 조던은 구체적인 목표를 세웠다.
"난 반드시 학교 대표 팀이 되겠어. 그리고 프로 농구 팀에 들어가 훗날 세계적인 농구 스타가 될 거야."
그 후 자신의 실력을 증명하기 위해 더욱 노력한 조던은 학교 대표 팀이 되었고, 19번의 승리를 만들어 냈다.

목표를 이루려면 노력과 열정밖에 없다는 것을 그는 잘 알기에 더더욱 성실하게 연습에 임했다.
그 덕분에 조던은 대학 졸업 전에 NBA에 진출하고, 당시 최하위 팀이었던 '시카고 불스'를 최강의 팀으로 끌어올렸다. 마침내 그는 '농구 황제'라는 별명을 얻고, 최고의 스포츠 스타가 되었다.

시크릿 박스

　작은 일도 목표를 세워라. 그러면 반드시 성공할 것이다.

　　　　　　　　　　- 로버트 H. 슐러 (미국의 목회학 박사)

　큰 목표를 세우는 것도 중요하지만, 일단은 작은 일부터 목표를 세우는 게 중요해요. 작은 일을 이루고 그것에서 느끼는 성취감은 또 다른 일에 대한 도전 의식을 갖게 해 주기 때문이에요.

　미래에 이루고 싶은 일을 반복해서 생각하면, 그것이 잠재 의식에 영향을 미쳐 현실이 된다.

　　　　　　　　　　- 폴 마이어 (복음주의 감독 교회 주교)

　매일 아침 거울 앞에 서서 자신이 이루고자 하는 꿈을 간절한 마음으로 말해 보세요. 그러면 그 꿈을 이루려는 자신의 각오가 강해지고, 그 각오는 행동으로 옮겨진답니다. 자신의 꿈을 자꾸자꾸 끌어당기세요. 그러면 어느새 꿈이 가까이 다가올 거예요.

　목표가 확실한 사람은 아무리 거친 길이라도 앞으로 나아갈 수 있다. 목표가 없는 사람은 아무리 좋은 길이라도 앞으로 나아갈 수 없다.

　　　　　　　　　　- 토머스 칼라일 (영국 역사가)

아무리 좋은 배도 도착할 항구를 모른다면 바다 한가운데를 떠다닐 것이고, 아무리 빠른 비행기도 어디에 내릴지 모르면 아무 소용이 없지요? 사람도 목표가 없이 살면 그래요. 지금 하고 있는 일이 귀찮고 힘겹게 느껴진다면 스스로 물어 보세요. '나는 어떤 목표를 세우고 이 일을 하고 있지?' 하고 말이에요.

 성공의 비결은 목적을 향해 쉬지 않고 노력하는 것이다. 한 마음 한 뜻은 쇠를 뚫고 만물을 굴복시킬 수 있다.

― 벤저민 디즈레일리 (영국 정치가)

사람들의 마음은 모이면 모일수록 더 큰 에너지가 되어요. 개미들을 보세요. 개미들은 자신의 몸무게보다 수백 배나 무거운 나뭇잎도 힘을 모아 거뜬히 옮겨요. 우리도 마찬가지지요. 뜻이 모이면 못할 일이 없어요.

 인간은 자신이 목표한 만큼 진화한다.

― 막심 고리키 (러시아 작가)

큰 꿈을 가진 사람은 큰 인생을 살고, 작은 꿈을 가진 사람은 작은 인생을 살아요. 큰 꿈을 품은 사람은 그 큰 꿈을 이루기 위해 자신의 숨은 능력까지 끌어올리지만, 작은 꿈을 가진 사람은 그저 자신이 가지고 있는 작은 능력만 활용해요. 성공의 승패는 잠재된 능력을 얼마나 많이 끌어낼 수 있느냐에 달렸어요. 큰 꿈을 품고 노력하세요.

1%의 시크릿

내 얘기 좀 들어볼래?

나는 에드먼드 퍼시벌 힐러리다.
어릴 때, 나는 매우 왜소했다.
모든 일에 관심이
없었고 소극적이었다.

그러나 내가 유독 관심을 보인 게 있다.
그건 바로 모험에 관한
책이다.

나는 **목표**를
이루기 위해
내 **청춘**을
등산에 걸었다.
나는 극한 상황에서
견딜 수 있도록
체력 단련에
모든 **땀과 열정**을
기울였다.

책 속에서 남극 **탐험가**
'섀클턴'을 만난 뒤
인생의 **목표**가 생겼다.
"나도 훌륭한 등산가이자
탐험가가 될 거야!"

그 후 나는 목표를 구체적으로 정했다.
"반드시 에베레스트 산을 정복할 거야!"
나는 뒤돌아보지 않고 목표를 향해
앞만 보고 달렸다.

  마침내 나는 에베레스트에
첫발을 내딛게 되었다.

그러나 나는 실패하고 말았다.
하지만 좌절하지는 않았다.
나는 믿었다. 목표는 나를 단련시키고,
성취시킨다는 것을.

나는 에베레스트 산에게 말했다.
"산아, 너는 자라나지 못한다. 그러나 나는 자라난다.
내 기술도, 내 힘도, 내 경험도, 내 장비도 자라난다.
나는 다시 돌아온다. 그리고 기어이 네 정상에 서고야 말겠다."

10년 뒤인 1953년 5월 29일, 나는 드디어
역사상 처음으로 에베레스트 산 정상을 밟았다.
나는 끝내 목표를 이루어 냈다.

셋째 날
경영의 비밀

리더가 되기 위해서는
선명한 마음의 창을 가져야 한단다.
그래야 세상을 바르게 볼 수 있거든.
하지만 네 앞의 먼지만 닦아 낸다고
맑은 창을 가질 수는 없단다.
누군가 다른 면의 먼지를 닦아 줘야 해.
기억하렴. 밖에서 창을 닦아 줄
그 누군가가 바로 너를 리더로
만들어 줄 사람임을……

오늘은
대청소의 날

오늘은 대청소의 날

"**오늘은 대청소를 하는 날이다.** 래오, 네가 아이들과 함께 교실 청소를 깨끗이 하렴. 알았지?"

"예."

시크릿은 래오에게 당부를 하고 교실 밖으로 나갔다.

래오는 기분이 좋았다. 다른 아이들을 놔 두고 시크릿이 자기에게 권한을 줬기 때문이다.

래오는 어깨를 우쭐거리며 아이들에게 말했다.

"야, 시크릿 말씀 잘 들었지? 오늘은 대청소 날이야. 그러니 깨끗이 청소할 수 있도록."

래오는 생각에 잠겼다. 그리고 잠시 뒤, 말했다.

"자, 모여 봐. 일단 내가 담당 구역을 정할 테니까 잘 들어."

래오가 손가락으로 교실의 구석구석을 가리키며 말을 이었다.

"지누랑 모모 너희 둘은 책상이랑 걸상을 뒤로 나르도록 해. 그리고 수린이와 호란이는 빗자루로 쓸고, 우주와 제노는 대걸레로 닦아. 알았지?"

"알았어."

아이들은 각자 맡은 일을 하기 위해 흩어졌다. 지누와 모모는 재빠르게 책상과 걸상을 날랐다. 수린이와 호란이는 구석구석 빗자루로 쓰레기와 먼지를 쓸었다. 그리고 우주와 제노는 대걸레를 빨기 위해 화장실로 갔다.

유리창으로 들어오는 따뜻한 빛 때문인지 아이들의 이마에는 땀이 맺혔다.

"후유~. 덥다."

그런데 갑자기 지누가 책걸상 나르기를 멈췄다.

모모가 지누를 보며 말했다.

"지누야. 안 나르고 뭐 해?"

"잠깐만. 야, 너희들 저기 보이냐?"

지누가 래오를 손가락으로 가리켰다. 아이들은 일제히

래오를 바라보았다.

래오는 창 밖을 내다보며 귀에 이어폰을 꼽고 MP3로 음악을 듣고 있었다.

"어? 래오 쟤 뭐 하고 있는 거야?"

"그러게. 혼자 음악을 듣고 있잖아!"

지누가 화가 났는지 책상을 두 손으로 내리쳤다.

"야, 다들 청소 그만 해. 래오, 저 녀석은 청소도 안 하잖아!"

그러자 호란이도 빗자루를 내던지며 말했다.

"그래. 그만 하자. 래오, 지가 뭔데 저러고 있어?"

아이들은 우르르 래오에게 몰려갔다.

"래오, 너 지금 여기서 뭐 해?"

이어폰을 꽂고 있어서 그런지 래오는 지누 목소리를 듣지 못했다.

지누는 래오의 옆구리를 쿡, 찔렀다. 래오는 이어폰을 뺐다.

"왜 그러니? 너희들 청소 다 끝냈어?"

지누는 두 눈을 부릅뜨며 말했다.

"래오. 너 지금 그걸 말이라고 해! 우린 다 청소하는데 너는 왜 청소 안 하는 거야!"

래오는 입술을 쭉 내밀며 말했다.

"시크릿이 한 말씀 못 들었어? 나한테 청소 반장의 권한을 줬잖아."

"권한? 좋아하시네!"

"너희들은 어서 청소나 해. 그렇지 않으면 시크릿한테 이를 거야."

"뭐라고?"

래오의 말을 듣는 순간, 지누는 어이가 없었다.

지누는 두 손으로 래오의 어깨를 툭, 밀었다.

"래오, 넌 반장을 할 자격이 없어!"

래오는 물러서지 않았다. 래오는 기습적으로 지누의 얼굴을 향해 주먹을 날렸다.

지누는 가볍게 피했다. 그러자 래오가 넘어질 듯 휘청거렸다.

"이 자식! 나한테 맞아 볼래?"

"그래, 덤빌 테면 덤벼 봐!"

지누는 기합 소리와 함께 달려들었다.

그러자 래오는 뒤로 나자빠졌다. 둘은 바닥에 뒤엉켜

뒹굴었다.

　래오와 지누가 엎치락뒤치락 하자 아이들은 '아~' 하고 소리를 질렀다.

　그 날 늦은 오후, 눈 주위에 멍 자국이 난 래오가 시크릿의 방에 찾아왔다.
　래오의 고민을 눈치 챈 시크릿이 먼저 입을 열었다.
　"래오야, 오늘 너와 지누가 왜 싸운 줄 아니?"
　래오는 씩씩거리며 말했다.
　"지누가 제 말을 안 들어서 그랬죠."
　시크릿은 미소지으며 고개를 내저었다.
　"그게 아니란다. 싸움의 원인 제공은 바로 너였단다."
　"제가요? 전 잘못한 게 없어요."
　래오는 그렇지 않아도 싸워서 몹시 기분이 상했는데, 시크릿마저 자신을 나무라니 정말이지 괴로웠다.
　"왜 저만 갖고 그러세요?"
　래오는 고개를 휙, 돌렸다.
　시크릿은 미소를 지으면서 래오의 두 어깨를 잡았다.
　"래오야, 지금 네가 무척 화가 나 있다는 걸 나는 잘 안다. 하지만 내 말을 잘 들어보렴. 네 꿈이 정치인이라고 했지?"

"남을 잘 이끌려면 그 사람들의 마음을 얻어야 한단다. 마음을 얻기 위한 방법은 모범과 포용력이란다."

래오는 여전히 마음이 편치 않은 듯 아무런 대답을 하지 않았다.

시크릿은 호주머니에서 사탕을 꺼내 래오에게 주었다.

"이 사탕을 먹으며 내 말을 잘 들으렴."

어느 날, 한 어머니가 아들을 데리고 철학자를 찾아왔어.

"선생님, 제 아이가 사탕을 너무 많이 먹어 이가 다 썩었어요. 사탕을 먹지 말라고 아무리 타일러도 말을 안 들어요. 제 아들은 선생님 말씀이라면 무엇이든지 잘 들어요. 그러니 선생님께서 뭐라고 말씀 좀 해 주세요."

그런데 뜻밖에도 철학자는 '한 달 뒤에 데리고 오

십시오. 그때 말하지요.'라고 했지. 아이 어머니는 놀랍고도 이상했으나, 한 달을 기다렸다가 다시 철학자에게 갔단다.

"한 달만 더 있다가 오십시오."

"한 달씩이나 또 기다려야 하나요?"

"글쎄, 한 달만 더 있다가 오십시오."

아이 어머니는 정말 이해할 수가 없었지만 참고 있다가 한 달 뒤에 또 찾아갔어.

"얘야, 지금부터는 사탕을 먹지 마라."

"예! 절대로 사탕을 먹지 않을래요."

소년의 어머니가 철학자에게 물었지.

"선생님, 말씀 한 마디 하시는데, 왜 두 달씩이나 걸려야 했나요?"

"실은 나도 사탕을 너무 좋아해서 사탕을 먹고 있었어요. 그런 내가 어떻게 아이에게 사탕을 먹지 마라고 할 수 있나요? 내가 사탕을 끊는 데 꼬박 두 달이 걸렸어요."

이야기를 듣는 동안, 어느 새 사탕은 입 안에서 다 녹

았다.

시크릿은 래오의 눈을 바라보며 말했다.

"래오야, 명령부터 하지 말고 내가 먼저 모범을 보이렴. 그러면 아이들은 저절로 따라오기 마련이란다. 이야기를 하나 더 들어보렴."

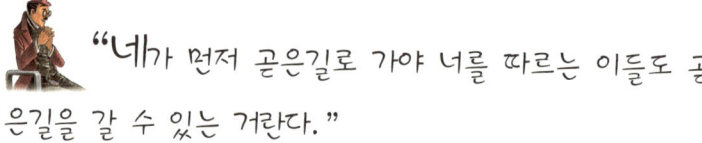

엄마게가 아기게에게 말했어.

"너는 어째서 그렇게 비뚤어진 걸음걸이로 걷느냐? 똑바로 걸어라."

그러자 아기게가 말했다.

"엄마, 제게 걷는 법을 가르쳐 주세요. 엄마가 똑바로 걷는 걸 보면 저 역시 그대로 걸어 보겠어요."

"네가 먼저 곧은길로 가야 너를 따르는 이들도 곧은길을 갈 수 있는 거란다."

순간, 래오는 청소 시간에 있었던 일이 부끄러웠다. 래오는 나지막한 목소리로 말했다.

"그러고 보니 늘 아이들에게 명령만 했지 모범을 보인 적이 없었어요."

시크릿은 아무 말 없이 그저 웃음만 보였다.

래오는 진지한 표정으로 물었다.

"그런데 시크릿, 의견이 부딪히면 어떻게 해야 하죠?"

"너의 주장이 옳다면 끝까지 주장하는 것도 중요하지만, 리더란 가슴 속에 큰 가방이 있어야 해. 다른 사람들의 의견을 받아줄 수 있는 큰 가방 말이야. 자기 입장에서만 말하는 건 곤란하단다."

어느 날 해와 달이 말다툼을 했다.

해가 달을 바라보며 이렇게 말했지.

"나뭇잎은 초록색이야."

그러자 달이 나뭇잎은 은빛이라고 우겼어.

이번엔 달이 먼저 말했어.

"사람들은 일은 안 하고 늘 잠만 자."

그러자 해가 고개를 내저으며 말했지.

"그게 무슨 소리야? 사람들은 언제나 바쁘게 움직인다고!"

해와 달은 자신 말이 옳다고 주장했어.

그때 바람이 나타났지.

바람은 둘이 다투는 소리를 듣고는 웃으며 말했어.

"낮에는 해의 말대로 나뭇잎이 초록색이야. 사람들도 바쁘게 움직이지. 그러나 달이 뜬 밤에는 사람들도 잠을 자고, 나뭇잎은 달빛을 받아 은빛이 되지."

"사람과 사람 사이에 일어나는 갈등과 분쟁은 자기 중심의 잣대로 판단하여 생기는 것이 대부분이란다. 이렇게 우린 자기가 보는 것만을 진실이라고 우길 때가 많지. 남의 의견에 귀 기울이고, 그것이 맞는 말이라면 받아들이는 자세가 필요해. 특히, 리더에게는 그런 포용력이 중요하지. 상대의 입장에서 생각하고 헤아릴 때, 닫혔던 마음의 문도, 함께 사는 길도 열린단다."

시크릿은 두 팔을 활짝 벌린 채 말을 이었다.

"래오야, 바다 같이 넓은 마음을 가지렴. 그리고 뒤에서 강요하기보단 앞에서 이끄는 멋진 리더가 되렴."

"예."

래오는 크게 숨을 들이마셨다. 아마도 가슴 속에 넓은 바다를 들이마시는 것 같았다.

"그나저나 래오야, 눈 주위는 아프지 않니?"

"여기요? 괜찮아요."

래오는 눈을 깜박이며 밝은 목소리로 말했다.

"다행이구나!"

시크릿은 그렇게 참으로 소중한 경영의 비밀을 전해 줬다.

나무를 나르는 지휘관, 워싱턴

어느 날, 사령관 직위를 맡고 있던 워싱턴이 사령관복을 벗어 두고, 평상복 차림으로 말을 타고 나갔다. 한 무리의 군인들이 막사 앞에서 무거운 나무를 나르고 있었다.

'저렇게 열심히 일하는 것을 보니 모두 훌륭한 군인임에 틀림없어.'

그 때였다. 하사관 계급을 단 고참 군인이 졸병들에게 고래고래 소리를 질렀다.

"이 녀석들아, 뭘 꾸물대고 있어? 번쩍번쩍 들어 나르란 말이야!"

고참 군인은 도와 줄 생각은 않고 잔뜩 거드름만 피웠다.

보다못한 워싱턴이 나무에 말을 매어 두고, 하사관에게 다가가 말했다.

"부하들은 힘들게 일하는데 당신은 왜 조금도 거들어 주지 않소?"

"당신이 무슨 상관이오? 그리고 나는 윗사람이오. 그러니 명령을 하는 거요."

워싱턴은 고개를 내저었다. 그러고는 나무를 나

르고 있는 군인들에게 다가갔다.

"이보게. 나도 함께 나르겠네."
"고맙소. 그런데 당신은 누구시오?"
"그냥 지나가는 사람이라오."

워싱턴은 군인들과 함께 나무를 날랐다.

하사관은 고개를 갸우뚱거리며 워싱턴에게 다가왔다.
"도대체 당신은 누구길래 이곳에서 나무를 나르시오?"

워싱턴은 미소를 지으며 말했다.

"다음에 힘든 일이 있으면 내가 도우러 또 오겠소. 그 때 연락 주시오, 사령관실로!"

"사, 사, 사령관?"
순간, 하사관은 안절부절못했다.
"혹시 워싱턴 사령관님?"
"그렇소."
하사관은 무릎을 꿇고 손금이 지워지도록 싹싹 빌었다.

"윗사람이 모범을 보여야 아랫사람이 따르는 법이오. 알겠소?"

"예. 사령관님."
워싱턴은 말을 타고 유유히 사라졌다.

시크릿 박스

"리더는 남들에게도 전염될 수 있는 긍정적인 태도를 지녀야 하며, 어려움이 있을 때 인내할 줄 아는 결단력이 있어야 한다. 스스로 결과를 확신할 수 없을 때조차도 자신감을 드러내야 한다."

— 버나드 로 몽고메리 (영국 육군 원수)

리더에게는 두려움보다 결단을 내릴 수 있는 자신감이 필요하다는 말이에요. 군사들을 이끄는 장군이 적군 앞에서 벌벌 떤다면 군사들의 사기가 떨어지거든요. 하늘을 찌를 듯한 자신감만 있다면, 백 명의 군사가 천 명의 적군도 거뜬히 이길 수 있어요. 자신감, 바로 그것이 리더에게 꼭 필요한 조건이에요.

어려운 시기에 동요하지 않는 것. 이것이 탁월한 인물이라는 증거다.

— 루트비히 판 베토벤 (독일 작곡가)

살다 보면 뜻하지 않는 위기나 고난이 닥치기 마련이에요. 그럴 땐 누구나 당황하고 절망에 빠질 수 있지요. 하지만 리더는 달라야 해요. 위기와 고난을 슬기롭게 극복하고 새로운 희망을 제시해 주는 게 바로 리더의 역할이거든요. 골짜기를 지나야 산 정상에 오를 수 있듯 위기나 고난을 이겨 내야 좋은 날을 맞이 할 수 있어요. 그

좋은 날을 향해 한 걸음 더 내딛을 수 있는 마음, 그게 바로 진정한 리더십이에요.

현명한 사람은 남의 욕설에 귀 기울이지 않으며, 남의 단점도 보려 하지 않는다.

— 〈채근담〉 중에서

리더는 가슴이 넓어야 해요. 다른 사람의 의견, 때론 비난마저도 모두 수용할 줄 알아야 하지요. 포용력이 없는 리더는 독선과 독단에 빠지고, 사람들의 마음을 얻을 수 없어요. 그리고 사람들의 단점보다는 장점을 발견해서 칭찬해 주고 격려해 주는 지혜가 필요해요. 마음을 나누면 모두 다 자기 편이 되거든요.

만약 리더가 위로 올라가기 위해서 많은 희생을 해야 한다면, 그곳에 머물기 위해서는 더욱 더 커다란 희생을 치러야 한다.

— 존 맥스웰 (미국의 성공학 강사)

자신의 이익만 챙기는 사람은 리더가 될 자격이 없어요. 리더는 자신을 따르는 사람들을 더 행복하고 더 풍요롭게 만들어 주어야 할 사람이지, 자신의 배를 채우는 사람이 아니에요. 리더라면 기꺼이 자신이 소중히 아끼는 것도 자신을 따르는 사람에게 베풀 줄 아는 넉넉한 마음을 가져야 해요.

1%의 시크릿

내 얘기 좀 들어볼래?

나는 아이젠하워다.
미국 텍사스 주 농가에서 7형제 중 셋째로 태어났고,
1915년 웨스트 포인트 사관학교를 졸업해 군인이 되었다.

1942년 유럽 연합군의 최고 사령관이 된 나는
2차 세계 대전을 승리로 이끌었다.
그리고 **미국의 대통령**이 되었다.

국민들은 나의 **리더십**이 뛰어나다고 칭찬했다.

어느 날, 기자들과 간담회를 가졌다.
한 기자가 내게 물었다.
"리더십이 뛰어나다고 알려져 있는데
진정한 리더십이란 무엇입니까?"

나는 실 하나를
탁자 위에 올려놓았다.
"자, 뒤에서 실을 밀어 보세요."

기자가 실을 밀었을 때
실은 구부러질 뿐
밀려나가지 않았다.

나는 아무 말 없이 실 끝자락을
주욱~ **잡아당겼다.**
실은 바로 끌려오게 되었다.

진정한 리더란
내가 **먼저** 가시밭길을 가는 사람이고
슬퍼하는 사람에게 **먼저** 다가가
눈물을 닦아 주는 사람이다.

나는 위대한 대통령이기보다는
모범적인 **리더**로 영원히 남고 싶다.

넷째 날
공존의 비밀

우리들의 서커스.
네가 밑에서 나를 지탱해 주었기에
나는 위에서 두려움과 맞설 수 있었어.

힘든 일이 있다면 내게 말해 줘.
오늘은……,
내가 어깨를 내어 줄게.

우리들의 서커스.
혼자라면 어떻게 그토록 아름다운
탑을 쌓을 수 있었겠어.

담력 훈련 중에 생긴 일

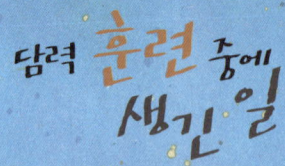

담력 훈련 중에 생긴 일

"징검다리다. 조심해. 내가 손 잡아 줄까?"
지누는 수린이에게 손을 내밀었다.
"싫어. 난 남의 도움 따위 필요 없어!"
수린이가 거절하자 지누는 손이 민망했다. 지누는 손을 거두며 혼잣말로 중얼거렸다.

"괜히 도와 준다고 했네."

아이들은 징검다리를 건너 넓은 공터에 도착했다.

시크릿은 아이들을 바라보며 말했다.

"어두운데 이곳까지 오느라 수고가 참 많았다. 이번 시간은 오후에 있었던 극기 훈련에 이어 담력 훈련을 할 차례다."

담력 훈련이라는 시크릿의 말을 들은 아이들은 벌써부터 무서운 생각이 들었다.

"시, 시, 시크릿, 담력 훈련은 어떻게 하죠?"

호란이가 벌벌벌 떨며 말했다.

"말 그대로 무서움을 경험하고 극복하는 훈련이야. 두세 명씩 조를 짜서 언덕 꼭대기에 있는 소나무까지 다녀오는 거다. 소나무에 빨간 리본이 걸려 있으니 그 리본을 가져오면 된다. 알겠지?"

"……."

아이들은 잔뜩 겁을 먹었는지 대답이 없었다.

"겁먹을 필요 없어. 내 안의 두려움을 없애면 이 세상에 두려울 건 없단다. 자, 그럼 1조가 먼저 출발한다."

1조인 래오와 호란, 그리고 제노가 먼저 언덕 꼭대기의 소나무로 향했다.

　1조가 떠난 지 한 10여 분이 지났다.

　"다음은 2조 차례다. 2조 출발!"

　2조인 지누와 모모가 출발했다. 그리고 마지막 조인 3조, 수린이와 우주도 10분 뒤에 출발했다.

　수린이는 빠른 걸음으로 갔다.

　"수린아, 왜 이렇게 빨리 가? 좀 천천히 가자."

　"왜 그렇게 꾸물거리냐?"

　"넌 안 무섭니?"

　"전혀."

　수린이는 애써 태연한 척 말했다. 사실, 수린이는 너무나 무서웠다. 나뭇가지가 귀신의 손처럼 보였다. 또 바위는 도깨비가 쪼그려 앉아 있는 것처럼 보였다.

　"같이 가자니까. 우린 같은 조잖아!"

　"같은 조? 그게 무슨 소용이니? 너 같은 겁쟁이하고 같은 조 할 바에는 나 혼자 하는 게 낫겠다."

　수린이는 더 빠른 걸음으로 걸어갔다.

　"수린아, 같이 가. 그러다 길 잃어버리면 어떡하려고 그래? 서로 도우면서 함께 가야지!"

"도움? 난 그 따위 필요 없어. 난 나야. 나 혼자 갈래."

결국, 수린이는 어둠 속으로 혼자 사라졌다. 수린이는 언덕에 있는 소나무를 향해 걸었다. 그런데 갑자기 무서움이 달려들었다. 나무들이 괴물로 변해 자기를 덮칠 것만 같았다. 그리고 어둠 속에서 귀신이 지금 막 뛰쳐나올 것만 같았다.

부우부우.

어둠을 뚫고 들려오는 부엉이 소리도 소름이 끼쳤다.

"엄마……."

잔뜩, 겁에 질린 수린이는 끝내 눈물을 펑펑 흘렸다.

"엄마, 우주야, 시크릿!"

수린이는 그만 길을 잃고 말았다.

아이들은 이미 언덕 꼭대기에 있는 소나무에 다 도착했다. 3조인 우주도 도착했다.

우주는 시크릿에게 물었다.

"시크릿, 수린이 왔어요?"

"그게 무슨 소리냐? 수린이는 너랑 같은 조잖니?"

"안 왔어요?"

"도대체 어떻게 된 거니?"

"같은 조니까 함께 가자고 했는데, 혼자서 갈 수 있다고 수린이가 먼저 올라갔어요."

시크릿은 수린이가 걱정되었다.

"수린이가 길을 잃은 게 분명해. 우리 모두 함께 찾아보도록 하자."

시크릿과 아이들은 아래쪽으로 내려갔다.

"수린아~."

"수린아~, 어딨니?"

"수린아~."

아이들은 큰 소리로 수린이를 불렀다.

수린이는 바위에 기댄 채 꼼짝도 하지 못했다. 너무 무서워서 한 걸음도 뗄 수가 없었다.

"우주야. 시크릿! 제발 좀 도와 주세요, 나 좀 찾아 주세요!"

멀리서 희미하게 아이들의 목소리가 들렸다. 수린이는 자기가 여기에 있다고 크게 소리치고 싶었지만, 너무 겁에 질린 탓에 입이 열리지 않았다.

잠시 뒤, 바위 옆에 고개를 숙인 채 쪼그려 앉아 있는 수린이를 우주가 발견했다.

"시크릿, 수린이 여기 있어요!"

우주의 목소리가 수린이는 너무 반가웠다. 수린이는 우주에게 달려들었다.

"우주야~."

시크릿과 다른 아이들도 황급히 달려왔다.

그제야 수린이는 안정을 되찾았다.

"시크릿, 애들아."

시크릿은 수린이에게 미소를 지으며 말했다.

"다행이구나. 담력 훈련은 이걸로 마치고 다들 내려가도록 하자!"

"예."

시크릿은 수린이의 손을 잡아 주었다.

"무서웠지?"

"예."

"그런데 왜 혼자 갔니?"

"전 도움이 싫어요."

"왜 그렇지?"

"늘 혼자서 모든 걸 했어요."

"그렇구나! 그런데 혼자 힘보다는 두 명의 힘이 더 세단다. 잘 들어보렴."

어느 마을에서 말 썰매 끌기 대회가 열렸어. 대회는 순조롭게 진행되었고, 마지막에 순위가 가려졌지. 2,000kg이나 되는 썰매를 끈 말이 1등을 차지했지. 그리고 2등을 한 말은 1,800kg이나 되는 썰매를 끌었지.

그런데 이 두 말의 주인들은 문득 이런 생각을 하게 됐어.

"1등을 한 말과 2등을 한 말이 힘을 합하면 얼마만큼의 무게를 끌 수 있을까?"

그래서 두 말이 함께 썰매를 끌 수 있도록 했어. 그랬더니 놀랍게도 5,500kg이나 되는 썰매를 끌 수가 있었다.

"너 혼자서 해낼 수 있는 일이라면 당연히 혼자 하는 게 좋겠지. 그러나 그렇지 않은 경우라면 친구나 부모님 또는 선생님께 도움을 청하는 것도 좋단다. '혼자'가 중심이 될 수는 있지만, 그렇다고 혼자서 살아갈 수는 없어. 반드시 누군가와 함께 살아야 해. 외로운 섬처럼 혼자 사는 것보다 갈매기도 불러들이고 파도와도 인연을 맺으며 더불어 사는 게 행복하지 않겠니?"

시크릿은 수린이의 머리를 쓰다듬어 주며 이야기를 계속했다.

악어와 악어새는 서로 돕고 살지. 악어가 물 밖으로 입을 벌리면 악어새가 날아와 악어의 이빨 사이에 낀 찌꺼기를 먹는 거야. 악어새는 먹이를 쉽게 얻을 수 있어서 좋고, 악어는 양치질을 할 수 있어서 좋거든.

수린이는 어느 새 마음이 열렸는지 농담처럼 말했다.

"그럼 우주가 악어이고 제가 악어새인가요?"

"그렇지! 넌 귀여우니까 악어새가 어울리겠구나!"

수린이의 입가에 미소가 번졌다. 그 모습을 보며 시크릿도 행복한 듯 미소를 머금었다.

"우리가 세상을 살아가면서 지혜로운 사람과 파트너가 되는 일은 무엇보다 중요해. 그러니 함께 이룬 업적을 두고 자기 혼자 힘으로만 성취한 것 마냥 내세우면 곤란하단다."

수린이는 고개를 끄덕이면서도 뭔가 석연치 않는 표정이었다.

"시크릿, 누군가에게 도움을 청하면 좀 부끄럽고 내 자신이 못난 사람 같은 생각이 들어요."

"그런 생각은 할 필요 없단다. 인간은 혼자서는 어떤 일도 할 수 없는 불완전한 존재야. 서로 돕고 보완하면서 살아야 해. 자신의 부족한 면이 있으면 남을 통해 그 부족한 점을 채우고, 반대로 남의 부족한 점을 내가 채워 줄 수도 있는 거지. 괜히 남을 빼고 혼자만 생각하다간 더 큰 어려움에 빠질 수도 있단다."

얼룩소, 검은 소, 붉은 소 세 마리는 언제나 함께 다녔어. 사자가 그 소들을 잡아먹으려고 호시탐탐 기회를 엿보았지만, 세 마리의 소가 한꺼번에 대항했기 때문에 잡아먹을 수가 없었지.

어느 날, 사자는 소들을 잡아먹을 수 있는 꾀를 생각해 냈어.

사자는 얼룩소를 조용히 불러 말했어.

"붉은 소가 그러는데 자기가 가장 힘이 세대."

이 말을 들은 얼룩소는 기분이 좋지 않았어.

사자는 붉은 소와 검은 소에게도 이런 식으로 말을 했어.

다음 날, 얼룩소, 검은 소, 붉은 소는 자신이 가장 힘이 세다고 다퉜지.

결국 세 소는 서로 등을 돌리고 말았다.

그때, 사자가 나타났어. 예전 같으면 서로 힘을 합쳐 사자를 물리쳤겠지만, 이제는 그럴 수 없었지. 소들은 티격태격 싸우느라 정신이 없었거든.

결국, 사자는 힘들이지 않고 소들을 차례로 잡아먹을 수 있었어.

"자신의 힘만 믿고 혼자 일을 진행하기보다는 자신의 부족한 점을 인정하고 누군가에게 진심으로 도움을 청해 보렴. 그러면 사람들도 진심으로 도움을 줄 거야. 그러니 앞으로는 함께 도우며 살 수 있도록 하렴"

수린이는 고개를 끄덕이며 나지막이 말했다. 그러더니 목을 쭉 빼고 앞에 가는 아이들을 쳐다보았다.

"그나저나 악어들이 어디 갔지? 얘들아, 우리 같이 가자구나!"

수린이는 앞서 가는 아이들에게 달려갔다.

"우리 함께 어깨동무하며 가자!"

"그래. 좋아."

아이들이 어깨동무를 했다. 시크릿도 아이들 틈바구니에 끼어들었다.

"나도 함께 가자!"

어둠을 뚫고 아이들의 즐거운 웃음과 노래가

꿈*을*이*루*는*일*곱*가*지*비*밀

울려 퍼졌다.
 시크릿은 아이들과 함께 발을 맞추며 마음으로 말을 했다.
 '그래, 이렇게 함께 가는 거란다.'

 그렇게 시크릿은 아이들에게 공존의 비밀을 알려 주었다.

시크릿 노트

두 사람이 전한 진정한 박수

미국에 지미 듀란테라는 아주 유명한 코미디언이 있었다.

어느 날, 듀란테는 환자들을 위한 쇼에 출연해 달라는 부탁을 받았다.

"글쎄요. 제가 너무 바빠서 부탁을 들어드릴 수가 없군요."

"얼마나 바쁘시길래 그러시죠?"

"전 너무 바빠 10분밖에 출연할 수 없습니다."

"괜찮습니다. 10분도 좋습니다. 그러니 제발 출연해 주세요."

그는 마지못해 환자들을 위한 위문 공연에 출연하였다.

그런데 약속한 10분이 지나도 그는 무대에서 내려오지 않았다.

30분이 지나도 내려오지 않았다.

사람들이 놀라서 중얼거렸다.

"10분만 공연한다면서 왜 이렇게 오래 하지?"

무대 뒤에서 어떤 사람이 그에게 다가가 뜻밖이라는 듯이 물었다.

"바쁘다면서 왜 이렇게 공연을 오래 하시죠?"

그러자 듀란테는 무대 맨 앞줄에 있는 두 사람을 조용히 가리켰다.

두 사람은 모두 한쪽 팔이 없었다.
"아니, 저들이 어떻다는 거지요? 그저 팔이 없는 사람들일 뿐인데요."
"……."

듀란테는 말 없이 두 사람을 바라보기만 했다. 그런데 곧 뜻밖의 일이 벌어졌다. 다른 배우의 공연이 끝나자 왼팔이 없는 사람과 오른팔이 없는 사람이 남은 한쪽 팔을 서로 부딪쳐 열심히 박수를 치는 것이었다.

"보세요. 나도 처음에는 10분만 공연하고 내려오려고 했는데, 저 두 사람을 보고 깨달았어요. 박수는 두 손이 온전한 사람만 치는 것이 아니라는 것을요. 서로 도우면 하나가 될 수 있어요."

시크릿 노트

눈보라 속에 핀 공존의 소중함

티베트의 성자, 선다 싱이 네팔 지방의 한 산길을 젊은이와 함께 걷고 있었다.
"왜 이렇게 춥지?"
"밤도 깊었는데 걱정입니다."
"그러게 말이야. 부지런히 가세."
그 날 따라 눈보라가 심하게 몰아쳤다.
선다 싱과 젊은이는 마을을 찾아 부지런히 발걸음을 옮겼다. 그러나 마을은 나타나지 않았다.

젊은이는 걱정스러운 말투로 말했다.
"우리 이러다 산에서 얼어 죽는 게 아닐까요?"
"아니야. 분명 마을을 찾을 수 있을 걸세."
둘은 살을 에는 추위와 맞서며 걸어 나갔다.

그런데 한참을 걷다가 눈 위에 쓰러져 있는 노인을 발견했다.
선다 싱은 황급히 노인에게 다가갔다.
"어르신, 정신 차리세요. 어르신!"
노인은 간신히 정신을 차렸지만 혼자 걷기는 힘들었다.

선다 싱은 젊은이에게 말했다.
"우리가 이 어르신을 데리고 가세."
그러자 젊은이는 고개를 내저었다.
"싫어요. 혼자 가기도 힘든데 이 노인까지 데려 가다니. 전 못 해요. 전 혼자 먼저 가겠습니다."
젊은이는 잰걸음으로 앞으로 가 버렸다.

선다 싱은 노인을 등에 업었다.
차마 노인을 내버려 두고 갈 수가 없었다.
노인은 아주 작은 목소리로 말했다.
"나는 놓고 가세요. 괜히 나 때문에 당신도 위험합니다."
그러나 선다 싱은 고개를 내저었다.
"걱정 마세요. 곧 마을이 나올 겁니다."

시간이 흐르자 선다 싱은 점점 힘이 빠졌다. 그리고 온 몸은 땀으로 젖어 갔다.
눈보라는 더욱 세차게 불었다. 하지만 선다 싱과 노인은 서로의 체온으로 추위를 견딜 수 있었다.
마침내 둘은 마을에 이르렀다.
그런데 마을 입구에는 사람이 꽁꽁 언 채로 쓰러져 있었다.
선다 싱은 매우 놀랐다.
그 사람은 바로 혼자서 살겠다고 앞서 간 젊은이였기 때문이다.

시크릿 박스

벌들은 협동하지 않고는 아무것도 얻지 못한다. 사람도 마찬가지다.

— E. 허버트 (영국 철학자)

아무리 큰 바위라도 여럿이 힘을 합치면 거뜬히 옮길 수가 있어요. 웃음도 혼자 웃는 것보다 여러 명이 함께 웃으면 더더욱 행복하지요. 세상에는 혼자 할 수 있는 일보다 함께 해야 더 행복한 일이 많아요. 어깨동무를 하기 위해선 친구가 필요하고, 따뜻하게 안아 주기 위해선 엄마가 필요하고, 배우고 싶을 때는 선생님이 필요하지요. 함께 해야 더 많이 얻을 수 있어요.

사람은 혼자 사는 것이 아니다.

— B. 러셀 (영국 철학자)

만약 섬에 혼자만 산다고 생각해 보세요? 어떨까요? 무섭고 심심하고 외로워 며칠도 견디지 못할 거예요. 이처럼 사람은 혼자서는 살 수가 없어요. 태어나면서부터 사람은 관계를 맺어요. 나와 부모와의 관계, 나와 친구와의 관계, 나와 선생님과의 관계 등 수많은 관계 속에서 살아가요. 그 관계를 행복하게 유지하기 위해선 노력이 필요해요. 그 노력은 바로 마음을 나누는 거예요. 마음을 나누면 심심하지도 않고 외롭지도 않죠. 사람은 혼자가 아니라 더불어 살아야 해요.

사랑을 함으로써 사람들은 단결하고 하나가 된다.
– 레프 니콜라예비치 톨스토이 (러시아 소설가)

누군가와 함께 하려 할 때 가장 필요한 것은 진실성이에요. 마음에서 우러나오지 않고 억지로 함께 하려 한다면, 뜻을 받아들이는 사람도 불편하고 뜻을 전하는 사람도 신나지 않아 결국 서로에게 상처만 남게 돼요. 그러니 누군가와 어떤 일을 함께 하고 싶다면, 먼저 내 마음이 진실한지를 살피세요. 그 진실함은 사랑에서 온다는 것을 잊지 말고요.

친구가 없는 것만큼 적막한 것은 없다. 우정은 기쁨을 더해 주고 슬픔을 나눠 주기 때문이다.
– 발타자르 그라시안 (스페인 철학자)

친구는 돈보다도 명예보다도 더 중요해요. 친구가 없는 세상을 생각해 보세요? 친구가 없다면 그 재미있는 2인용 게임을 할 수도 없고, 생일 파티도 혼자 해야 하고, 여행을 떠나도 심심하겠죠? 그리고 고민이 생기면 누구랑 얘기해요? 뭐니뭐니 해도 친구가 제일이죠. 이런 말이 있어요. '인생을 살면서 진정한 친구가 단 한 명이라도 있다면 정말로 멋진 인생이다.' 그런 멋진 인생을 살길 바라겠어요.

1%의 시크릿
내 얘기 좀 들어볼래?

나는 작가 **알렉스 해일리**다.

늘 무슨 글을 쓸까, 하루 종일 고민이다.

친구들과 대화를 할 때도
나는 소재를 찾아 메모지에 적는다.
그래서 종종 친구들에게 핀잔을 듣는다.

과연 어떤 글을 써야
사람들의 마음에
감동의 씨앗을
뿌릴 수 있을까?

그러던 어느 날,
거실에 걸린 그림을 유심히 보았다.

나는 그림을 보며 생각했다.
거북이 혼자서 저 높은 곳에
올라가지 못했을 거라고.
분명 누군가의 **도움**이 있었기에 가능한 일이라고.

나는 깨달았다.
사람은 신이 아니다.
이 세상은 혼자 살아갈 수 없다.
더불어 살아야 한다.

결국, 나는 미국 흑인들의
애환을 그린 작품 『뿌리』를
완성했다.

그 작품을 통해 피부색에 상관 없이
서로의 마음을 이해하고 보듬고
더불어 살아야 함을
세상에 알리고 싶었다.

다섯째 날
사람 사이의 비밀

네가 얼마나 힘들게
여기까지 왔는지 알고 있으니······.

껍질을 깨고 나온 새처럼,
고치를 뚫고 나온 나비처럼
네 안의 벽을 깨기가
얼마나 두려웠는지 알고 있으니······.

친구야, 이제는 날아!
새처럼, 나비처럼 마음껏 날아!
아무리 높은 곳에서 떨어져도
온몸으로 받아 줄 내가 있으니······.

소심 대왕의 깊은 고민

소심 대왕의 깊은 고민

'어쩌지? 어쩜 좋지?'

교실 문 앞에서 모모가 속이 불편한 강아지처럼 발을 동동 구르고 있다.

손가락을 꼼지락꼼지락, 허리를 굽혔다 폈다, 이러지도 저러지도 못하며 모모가 바라보는 것은 게임기였다.

그 게임기는 요즘 아이들이 가장 갖고 싶어하는 인기 최고의 게임기다.

'하필이면 이게 왜 여기 떨어져 있지!'

모모는 갑자기 눈앞이 어질어질하였다.

'모른 체하고 지나갈까?'

모모는 고민에 빠졌다. 그러다 이내 고개를 흔들었다.

'아냐, 내가 게임기를 그냥 두고 가면 다른 아이가 주

워 갈 거야!'

모모는 주을까 말까, 망설였다.

모모는 다시 한 번 깊은 고민에 빠졌다. 머릿속은 아주 복잡해졌다.

'게임기를 주웠다가 다른 아이가 그걸 보면 분명 날 도둑으로 생각할 거야. 괜히 도둑으로 몰리면 친구들한테 따돌림을 당할지도 몰라.'

고민에 고민을 거듭하다 지친 모모는 결국 적당한 선에서 결론을 내렸다. 게임기를 주워 재빨리 교탁 위에 올려놓기로 마음먹었다.

모모는 누가 볼까 주위를 살펴본 뒤 게임기를 주워 들고 교탁으로 향했다. 몇 걸음 되지 않는 거리가 왜 그렇게 멀게만 느껴지는지, 모모는 허공을 달려가는 것만 같았다.

드디어 교탁 앞, 모모가 막 게임기를 교탁에 올려놓으려는 순간이었다.

그때 갑자기 교실 앞문이 열리고 아이들이 우르르 몰려 들어왔다.

모모는 얼음땡을 당한 때처럼 온몸이 얼어붙어 버렸

다. 몸은 얼었는데 머릿속으로는 수만 가지 생각들이 제 멋대로 헤엄을 쳤다.

'으앗, 큰일이다!'

천근만근 무거운 머리를 교탁 위에 박고 있는 모모의 어깨를 누군가 툭 쳤다.

"모모, 뭐 해?"

"으응……. 난 그냥……."

"어, 이거 내 게임기네!"

래오가 게임기를 가리키며 말했다.

'으앙~, 내가 도둑으로 몰리게 되었구나!'

짧은 순간, 스스로 심판을 내린 모모는 황소처럼 눈만 껌뻑이며 낙담을 했다.

그런데 래오가 빙그레 웃으며 말했다.

"모모야, 고마워. 네가 주워 놓은 줄도 모르고 난 밖에서만 찾았잖아!"

래오는 멍하니 서 있는 모모를 덥석 안아 주고는 이내 자기 자리로 갔다.

'뭐야? 이게 끝이야?'

허탈해진 모모는 두 팔을 축 늘어뜨리고 제 자리로 걸

어갔다.

　모모는 아무 일도 아닌 일 가지고 마음 졸이며 불안에 떨었던 자기 자신이 너무 싫었다. 래오가 자신을 도둑으로 몰아세웠다고 해도 아무런 변명도 못 하고 당하고만 있었을 자신을 생각하니 더더욱 자신이 한심스러웠다.
　그 날 따라 뿅뿅뿅 울려 대는 게임기 소리가 모모에게는 유난히 크게 들렸다.
　그 소리는 마치
　'모모, 너는 바보야!',
　'모모, 너는 소심 대왕이야!'
　라고 말하는 것만 같았다.

　비밀 학교에 익숙해졌는지 그동안 말수가 가장 적었던 모모가 속에 감추어 두었던 자신의 이야기를 했다.
　"시크릿, 난 도대체 왜 이럴까요? 모든 일에 왜 자신이 없고 소심하고 망설이게 되죠?"
　모모가 자그마한 소리로 물었다. 그런데 어렵게 말을 꺼낸 모모는 어쩌라고 시크릿은 갑자기 웃음을 터뜨려 버렸다.

"음하하하, 음하하하!"

"역시 내 고민은 너무 하찮아서 이야깃거리도 못 되는군요."

모모는 풀이 죽어 말꼬리마저 흐렸다.

"모모야, 그러지 말고 너도 웃어 봐. 이건 절대로 널 비웃는 웃음이 아니니까 함께 웃어 보란 말이야. 하하하!"

시크릿은 한 쪽 손을 모모의 등에 대고, 다른 한 손은 빙빙 돌려 아이들에게 함께 웃자는 뜻을 전하며, 다시 한 번 웃음을 터뜨렸다.

"하하하. 하하하."

교실 안은 어느 새 아이들의 웃음으로 가득 찼고, 잠깐 머뭇거리던 모모도 제 웃음을 섞어 넣었다.

"어때? 한바탕 웃고 나니까 기분이 좋아졌지?"

"그러네요. 기분이 훨씬 나아졌어요."

"그렇다면 지금 느낌을 가지고 내 말을 들어봐."

시크릿은 모모를 바라보며 말을 이었다.

"모모야, 네 자신과 사랑에 빠져 보렴. 남들을 의식하지 말고 너 자신을 좋아하고 사랑해 봐."

"나 자신을 사랑하라고요? 내가 나를요?"

모모는 괜히 얼굴이 붉어졌다. 자기 자신을 사랑하라는 말이 부끄러웠던 모양이다.

모모는 나지막이 말했다.

"시크릿, 모든 면에서 나는 부족한데 어떻게 나 자신을 사랑하죠?"

"남을 이해하고 남을 사랑하고 남을 받아들이기 위해선 먼저 자기 자신을 사랑해야 해. 사랑의 첫걸음은 바로 자기 자신을 사랑하는 거지. 자, 받아라."

시크릿은 모모에게 거울을 내밀었다.

"자, 거울 속 네 모습을 보렴. 너의 얼굴이 얼마나 사랑스럽니? 너의 눈빛이 얼마나 눈부시니? 너의 콧날은 또 얼마나 오뚝하니? 참 멋지고 사랑스럽지?"

모모는 거울 속 자신을 보며 빙그레 웃었다.

어느 날, 제자가 스승에게 물었어.

"스승님, 제 인생의 가치는 얼마나 됩니까?"

스승은 제자에게 돌 하나를 내밀었지.

"이 돌을 가지고 시장에 가서 흥정을 해 봐라."

"이 돌로 흥정을 하라고요? 아무 쓸모도 없는 돌을 누가 삽니까?"

제자는 투덜거리며 돌을 가지고 시장에 갔어.

한나절이 지났지만 돌을 사겠다는 사람이 나타나지 않았지.

그런데 오후가 되자, 한 사람이 제자에게 다가와 말했어.

"나에게 돌을 파시오. 열 냥 주겠소."

옆에 있던 사람이 나섰어.

"난 스무 냥 주겠소."

제자는 기뻐했지.

그러자 또 다른 사람이 말했어.

"난 사십 냥을 주겠소."

제자는 고개를 갸우뚱거리며 혼잣말로 중얼거렸어.

"이 돌이 도대체 뭐길래 이리도 많은 돈을 주면서 사려고 하지?"

그때 언제 왔는지 스승이 제자 앞에 나타났어.

"스승님, 참 이상합니다. 왜 사람들이 이 돌을 사

려고 하죠?"

그러자 스승은 나지막이 말했지.

"이 돌은 아주 귀한 보석을 만들 재료란다. 자세히 보면 돌 속에 반짝이는 금속이 들어 있지. 보석을 볼 줄 모르는 사람에게는 그저 돌이겠지만, 보석을 볼 줄 아는 사람에게는 이 돌이 그만한 가치가 있는 것이다. 인생도 그렇다. 자신을 소중히 여기는 사람일수록 가치 있는 인생을 살 수 있는 거란다."

"모모야, 넌 돌이 아니라 보석이란다. 자기 자신의 가치는 스스로 매기는 거지. 그러니 너 자신을 사랑하고 믿으렴."

"아, 아, 알겠어요. 그런데……."

모모는 머뭇거렸다.

"어서 말하렴."

"나 자신을 사랑한 다음엔 어떻게 하죠? 전 다른 사람들에게 다가가기가 두려워요. 그래서 다른 사람을 사랑한다는 것이……."

"네 안의 사랑이 가득하면 저절로 다른 사람을 받아들

일 수 있단다. 그리고 명심하렴. 두려워하지 말고 용기 내어 네 생각과 마음을 표현해야 한다."

어떤 총각이 좋아하는 여자와 결혼하기로 결심했어. 그런데 그 총각은 부끄러움이 너무나 많아서 그 여자를 사랑하면서도 결혼을 하자고 말할 용기가 없었지.

어쩔 수 없이 매일 연애편지를 보냈어. 무려 1년 동안이나 그 여자 앞에 나서지 못하고 몰래 편지만 보낸 거야.

다음 해 봄날, 여자는 결혼을 하게 되었어.

그러나 그 여자와 결혼을 하게 된 사람은 연애편지를 보낸 총각이 아니라, 매일매일 편지를 배달한 우체부였지.

우체부는 편지를 주기 위해 매일 여자를 만나면서 정이 들었어. 그리고 드디어 여자에게 고백하고 둘이 결혼까지 할 수 있었던 거야.

"네 마음에 담아 둔 얘기나 행동을 밖으로 표시하지 않으면 어려움을 겪게 된단다."

시크릿이 또 말했다.
"물론 누군가 하는 말을 모든 사람이 좋게만 여기지는

않아. 뜻이 다를 수도 있고, 오해를 할 수도 있을 테니까."

 가만히 듣던 모모가 시크릿의 말에 무릎을 쳤다.

"맞아요. 제가 걱정하는 일이 바로 그거예요. 괜한 말을 해서 다른 아이들에게 엉터리, 바보, 나쁜 애로 보이면 어떻게 해요?"

"으음, 모모의 마음은 충분히 알겠어."

시크릿은 고개를 끄덕이더니 품 속에서 책 한 권을 꺼냈다. 그러고는 책을 펼쳐 짧은 이야기 하나를 모모에게 읽어 주었다.

♥ • ♥ • ♥ • ♥ • ♥ • ♥ • ♥ • ♥ • ♥

어느 날, 산 중턱에 많은 사람들이 모였다. 왕의 충직하고 용감한 부하를 뽑기 위해서였다. 왕은 사람들에게 말했다.

"여봐라, 산과 산을 잇는 이 외줄을 용감하게 건너는 사람을 내 신하로 삼고, 후한 상금도 주겠다."

사람들은 외줄을 보고 눈이 휘둥그레졌다. 외줄 아래에는 거칠게 강물이 흐르고, 외줄 또한 심하게 흔들렸다. 자칫 실수라도 하면 아래로 떨어져 목숨을 잃고 말 일이었다.

첫 번째로 다부진 체격의 청년이 나왔다.

"이 정도는 누워서 떡 먹기입니다. 저는 적군 백 명과 싸워도 이길 수 있습니다."

"자신감이 넘치는군! 어서 다리를 건너도록 해라."

청년은 두 손으로 줄을 꽉 붙잡더니 이내 한 걸음씩 내딛었다.

'어? 왜 이렇게 많이 흔들리지?'

청년은 순식간에 두려움에 휩싸였다. 아래를 내려다보니 물 흐르는 소리가 마치 천둥처럼 귀를 때렸다. 결국 청년은 더 이상 발을 떼지 못한 채 그 자리에 동상처럼 멈추어 섰다. 그러고는 급기야 울음까지 터트렸다.

"다음!"

두 번째로 나선 청년도 마찬가지였다. 아래로 떨어질까 두려워 다들 겁을 먹고 말았다.

마지막으로 나선 사람은 장님이었다.

"보아 하니 자네는 앞을 보지도 못하는 듯한데, 다리를 건널 수 있겠는가?"

"그렇습니다. 저는 앞을 못 보는 장님입니다. 산이

얼마나 높은지 다리 밑이 얼마나 위험한지 볼 수 없습니다. 또한 귀마저 어두워서 거친 물 소리도 잘 들을 수 없지요. 그렇기 때문에 누구보다 마음 편하게 다리를 건널 수 있다고 생각합니다."

그의 말대로 그는 쉽게 다리를 건넜다. 결국 장님은 나라에서 가장 용감한 사람으로 인정받았고, 왕의 충성스러운 부하가 되었다.

"미리 겁먹지 마. 마음의 두려움이나 망설임은 아무것도 아니야. 오늘 어려운 문제가 내일이 되면 별일 아닌 때도 많거든. 미리 겁먹지 말고 용기를 내 봐!"

시크릿은 조금 전에 했듯이 모모의 등에 한 손을 가져다 댔다. 그러자 모모는 등이 따뜻해지는 온기를 느끼게 되었다.

"모모야, 어떠니?"

"몸이 따뜻해져요, 시크릿!"

"그래, 따뜻하지. 그런데 다른 사람도 너에게서 이런 따뜻함을 느낄 수 있을까?"

"그럼요. 알고 보면 저도 마음이 따뜻한 사람이에요!"

모모가 허리를 세우며 어깨를 흔들었다. 왠지 으스대고 싶었나 보다.

"좋아, 모모! 이제 네 속에 있는 그 따뜻한 마음을 친구들에게 나눠 주는 거야. 남들이 나를 어떻게 생각할까 너무 걱정하지 말고, 네가 옳다고 믿으면 행동으로 옮겨 보라고!"

시크릿이 주먹을 불끈 쥐어 보였다.

"네. 이제 더 이상 다른 사람들의 눈치를 보느라 하고 싶은 말을 속에 담아 두지는 않을래요."

"물론 그래야지. 사람들은 마음을 열고 누군가 다가오기를 기다리고 있어. 그러니 자신감을 갖고 진심으로 다가가기만 하면 돼. 넌 누구 앞에서도 당당할 수 있고 또한 누구와도 친구가 될 수 있어."

시크릿은 모모의 어깨를 감싸 주며 말을 이었다.

"자, 오늘 모모는 사람 사이, 즉 인간 관계의 비밀을 배웠어. 이 비밀을 우리 함께 외쳐 볼까?"

시크릿의 신호에 따라 아이들의 목소리가 푸른 하늘에 떠 있는 구름을 잡으려는 듯 높이, 그리고 멀리 퍼지고 있었다.

"사람들의 마음은 항상 서로를 향해 열려 있다. 자신감을 가지고 진심으로 다가가면 난 누구와도 친구가 될 수 있다!"

시크릿은 그렇게 사람 사이의 비밀을 아이들에게 전했다.

시크릿 노트

말더듬이 웅변가

그리스에 데모스테네스라는 아이가 살고 있었다. 이 아이는 말더듬이였다.

그래서 늘 친구들에게 놀림을 받았다.
"야, 말더듬이 어디 가니?"
"어, 어, 엄마 시, 시, 심부름."
"어휴, 답답해. 너한테 물어본 내가 잘못이지!"
심부름을 할 때도 말을 더듬기 때문에 이만저만 불편한 게 아니었다.
"아, 아, 아저씨. 고, 고, 고기 조조조옴 주, 주……."
"또박또박 좀 말하거라. 도대체 뭘 달라는 말이야? 나 원 답답해서."

아이는 말을 더듬는 자기 자신이 한심스러웠다. 쥐구멍이라도 있으면 그곳으로 들어가고 싶었다.
그러던 어느 날이었다.
광장을 지나던 아이는 칼리스투라투스의 연설을 듣게 되었다.
아이는 연설을 듣고 감동을 받았다.
'아, 말이란 참 대단한 거였어. 사람들에게 감동

을 주고, 또한 세계의 운명을 바꿀 수도 있으니 말이야!'

그의 연설은 아이에게 큰 자극이 되었다.
"그래 나도 저 분처럼 멋진 연설을 할 테야. 난 꼭 해내고 말겠어!"

그 후로 아이는 달라졌다. 말을 더듬지 않으려고 입에 자갈을 물고 바닷가를 달리며 말하는 연습을 했다. 거기에 멈추지 않고 연설을 잘 하는 사람을 찾아가 남 앞에서 말 잘 하는 법을 배웠다.

10여 년이 지났다. 소심하고 말까지 더듬던 아이는 어느 새 청년이 되었고, 남 앞에서 연설을 하기에 이르렀다.
그런데 사람들은 그의 연설에 귀를 기울이지 않았다.
'내게 무엇이 부족할까? 사람들이 나를 싫어하기 때문일까?'

오랜 고민 끝에 그는 해답을 찾아 냈다.
"그래, 아무리 말을 잘 해도 말 속에 진실이 없으면 내 말에 귀 기울이지 않아. 솔직한 감정을 용기 있게 드러내야 해."
그는 다음 연설 때부터 마음에서 우러나오는 진심으로 연설을 했다. 결국 그는 아테네에서 제일 가는 웅변가가 되었다.

시크릿 박스

🚩 **마음을 자극하는 최고의 명약은 바로 진심이다.**
　　　　　　　　　－ 메난드로스 (그리스 극작가)

　아무리 곱고 아름답고 멋진 말이라도 그 말 속에 진심이 담겨 있지 않으면 사람들은 그 말을 들으려 하지 않아요. 그러나 서툴고 어눌하고 부족한 말이지만, 그 말 속에 진심이 담겨 있다면 사람들은 마음의 귀로 그 말을 들어요. 말을 잘 하고 못 하고도 중요하지만, 그보다 중요한 건 말 속에 진심을 담느냐예요. 누군가의 마음을 얻고 싶다면 말 속에 진심을 담으세요. 진심은 마음과 마음을 연결해 주는 다리와도 같아요.

 인간은 사회적 동물이다.
　　　　　　　　　－ 아리스토텔레스 (그리스 철학자)

　인간은 혼자 살아갈 수 없어요. 서로 관계를 맺고 살아가기 마련이죠. 그러기 때문에 서로 마음을 나누어 갖는 게 중요해요. 혼자 있거나 혼자 판단하기보다는 남에게 다가가 의견을 물어보고, 그 의견을 진심으로 받아들이세요. 서로의 마음을 주고받는 거지요. 그러면 혼자 했을 때보다 더 좋은 결과를 얻을 수 있어요.

　　미소는 인간이 표현할 수 있는 가장 아름다운 예술이다.

— 앤드루 카네기 (미국 기업가)

　　남 앞에서 말하는 것이 두렵다면 먼저 환한 미소를 전해 보아요. 미소를 보면 사람들의 마음이 열리고, 자기 자신의 마음도 열리게 되어 떨림 증세가 좀 약해져요. 남 앞에 서기가 두려운 이유는 내 스스로 얼굴이 굳고 마음의 문이 닫혀 있기 때문이에요. 자연스럽게 미소를 지으세요. 말을 잘 하기보다 때론 한 순간의 미소가 더 큰 믿음을 줄 수도 있어요.

　　머리에서 발끝까지 당신을 빛나게 하는 것은 바로 자신감이다. 자신감은 당당하게 미소짓고, 성급하게 말하지 않고, 걸을 때도 어깨를 펴고 활기차게 걷는 것에서 시작된다.

— 앤드루 카네기 (미국 기업가)

　　자신감은 당당한 자세에서 시작되어요. 만약에 고개를 숙이고 어깨를 축 내리고, 발을 질질 끌며 걷고 얼굴은 찌푸린 자세로 다닌다면 자신감은 도망가고 말아요. 당당한 자세로 다니세요. 환한 미소, 올바른 걸음걸이, 쫙 편 어깨, 이러한 당당한 자세가 자신감과 행복을 불러 오니까요.

1%의 시크릿

내 얘기 좀 들어볼래?

내 이름은 **오히라 미쓰요**!
나는 1965년 일본에서 태어난 평범한 아이였어.

중학생이 되었을 때 나에게 **시련**이 닥쳤지.
아이들에게 **따돌림**을 받게 된 거야.

따돌림……,
나는 세상이 나를 **외면**하면,
나 역시 세상에 **등을 돌려야**
한다고 생각했어.

우울해지면 스스로 목숨을 **버리**려고도 했고,
외로워지면 지나가는 아이들을 괜히
괴롭히기도 했으며,

화가 나면 부모님께
행패까지 부렸어.

스무 살이 넘어서도 나의 **절망**은
끝나지 않았어.
아무도 내 얘길 **들어주지** 않을 듯하여
난 입을 다물었지.

그러던 어느 날, 나는 **깨달았어**.
내가 그토록 원망했던 부모님이
가슴에 품은 내 슬픔을 알고 있었으며,
그 긴 시간 동안 나보다 더 **큰 아픔**을 느끼며
나를 지켜보고 있었다는 사실을 말이야.

글조차
제대로 몰랐지만,
나는 다시
시작하기로 했어.

나는 **열심히** 공부했어. 공인 중개사, 법무사……,
많은 시험에 **합격했고**, 마지막에는 일본에서
제일 어렵다는 사법 시험에 통과해
변호사가 되었어.

그리고 지금 나는 아이들의 이야기를 **들어주고** 있어.
예전에 **나처럼** 세상이 자신을 외면하고 있다고
생각할 아이들을 위해서 말이야.

그리고 나는 믿어. 내가 마음을 **열고** 다가가면
세상 어딘가에서는 나를 **반기는** 문이
열린다는 진리를 말이야.

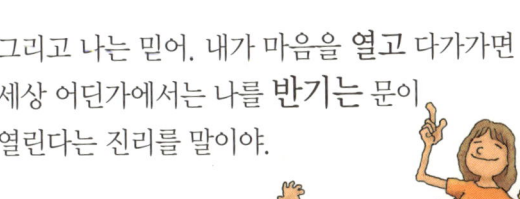

여섯째 날
몸의 비밀

네가 너무 작거나
네가 조금 약하거나
네 몸이 남들과 다르기 때문에
어떤 일을 할 수 없으리라
생각하지 마라.

작아서 크게 볼 수 있고,
약하기에 더 강해지며,
다르기에 특별해지는 슈퍼맨!
네 몸 안에는 그 슈퍼맨이 있어.
네가 할 일은 그 슈퍼맨을
깨우는 거란다.

the Secret School 비밀 학교

아주 높은
뜀틀

아주 높은 뜀틀

아이들이 운동장에서 축구를 하고 있었다.

지누 팀과 래오 팀!

아이들은 모두 팀에 참가해 축구를 했지만 제노만은 축구를 하지 않았다.

그 이유는 어릴 때 소아마비를 앓아 다리가 불편하기 때문이었다.

아이들은 제노에게 함께 축구하자고 말했지만, 제노는 고개를 내저었다.

제노는 큰 나무 밑에 조용히 앉아 아이들이 축구하는 모습을 구경하였다.

"패스~, 래오야, 이쪽으로 패스해!"

"알았어. 자, 간다. 우주야, 잘 받아!"

그런데 래오가 찬 축구공이 우주 앞으로 그냥 지나가 버렸다.

그러자 상대편인 지누가 그 공을 가로챘다.

래오는 씩씩거리며 우주에게 소리쳤다.

"야, 우주! 좀 더 빨리 뛰었어야지. 너 때문에 뺏겼잖아. 어휴, 뚱뚱보."

"최선을 다해 뛰었단 말이야. 네가 제대로 패스를 했어야지!"

"그만두자. 어서 막기나 해."

"알았어."

래오와 우주가 아옹다옹하는 사이, 어느 새 지누는 축구공을 몰고 골대 앞까지 갔다.

래오는 골키퍼인 호란이에게 소리쳤다.

"호란아, 눈 똑바로 뜨고 잘 막아!"

축구공을 몰고 거칠게 다가오는 지누를 보고 호란이는 몸을 움츠렸다. 지누가 찬 공에 혹시나 자기가 맞을 수도 있다는 두려움 때문이었다. 더군다나 호란이는 여자가 아닌가?

슛~.

지누는 골대를 향해 있는 힘껏 공을 찼다.

날아오는 공을 보고 깜짝 놀란 호란이는 두 눈을 꼭 감아 버렸다. 예상은 빗나가지 않았다. 공은 그대로 골대 안으로 빨려 들어갔다.

"와~, 골인이다~!"

지누 팀과 래오 팀의 축구는 결국 3대 1로 지누 팀의 승리로 끝났다.

아이들은 이마에 송골송골 맺힌 땀을 닦으며 교실로 향했다.

"야, 제노야. 이제 들어가자."

지누가 제노에게 말을 건넸다.

그러자 제노는 빙그레 웃으며 말했다.

"너희들 먼저 들어가. 난 여기 좀 있다가 들어갈게."

"그래. 그럼 우리 먼저 간다."

아이들은 교실로 들어갔고, 텅 빈 운동장에 제노는 혼자 남았다. 제노는 자리에서 일어나 절뚝절뚝 어디론가 발걸음을 옮겼다. 제노가 멈춘 곳은 운동장 한 켠에 놓여 있는 뜀틀 앞이었다.

제노는 높게만 느껴지는 뜀틀을 만져 보았다. 그리고 중얼거렸다.

"나도 다른 아이들처럼 운동장에서도 놀고 싶은데. 그리고 이 뜀틀도 훌쩍, 넘고 싶은데……."

제노는 씁쓸한 미소를 보이며 뒤돌아섰다.

그런데 언제 왔는지 제노 앞에 시크릿이 서 있었다.

"어? 시크릿. 언제 왔어요?"

"금방."

사실, 시크릿은 아이들이 축구할 때 제노 혼자서 큰 나무 밑에 조용히 앉아 있는 걸 교실에서 보고 있었다. 그래서 지금 제노의 마음이 어떠한지 알고 있었다.

시크릿은 다정하게 제노에게 말을 걸었다.

"제노야, 뜀틀을 왜 만지기만 하니? 너도 한 번 뛰어넘어 보렴."

"전 할 수 없어요."

"왜 미리부터 포기하니?"

"해 봤자 안 될 게 뻔하잖아요. 이 다리로는 무리예요."

"그렇지 않아. 네가 할 수 있다고 믿는다면 분명히 해낼 수 있어!"

"할 수 있다고 믿으면 정말로 가능할까요?"

"그래. 뜀틀 앞에서 두려워하고 망설이는 너의 모습을 생각하지 말고, 뜀틀을 훌쩍 뛰어넘고 기뻐하는 모습을 상상해 봐."

시크릿은 이어 말했다.

돈 버넷이라는 유명한 등산가가 있었어. 그는 한

쪽 다리를 절단했어. 그런데도 돈 버넷은 미국에서 가장 높고 험난한 산의 하나인, 4,300m 높이의 레이니어 산을 등반하는 데 성공했어.

등반을 마치고 기자 회견장에서 한 기자가 그에게 질문을 했지.

"어떻게 4,300m를 올라 갈 수 있었죠?"

그러자 그는 가볍게 웃으며 말했어.

"제가 산 정상에 오를 수 있었던 힘은 바로 상상입니다. 전 매일같이 산 정상에 올라 기뻐하는 내 모습을 떠올렸습니다. 그 상상으로 인해 나는 행복했고, 각오도 더욱 다질 수 있었습니다. 그리고 마침내 상상을 현실로 만들었죠."

제노의 고민은 끝나지 않은 모양인지 한숨을 내쉬며 말했다.

"그런데 시크릿, 저는 다른 아이들의 시선이 부담스러워요. 학교나 교회에 가면 아이들이 왠지 저만 쳐다보는 것 같고……."

"네 스스로 장애인이라는 생각을 버리렴."

"그게 무슨 뜻이죠? 전 장애를 가졌는데 장애인이란 생각을 버리라니요?"

"비록 장애인이지만 네 스스로 장애인이 아니라고 생각하면, 다른 사람들의 시선에서 자유로울 수 있어."

"정말 그럴까요?"

프랭크 밴더 마틴은 오하이오 주 수 카운티에서 제일 가는 바이올리니스트였어.

그가 열여덟 살이던 어느 날, 아버지의 대장간에서 사고가 났단다. 빨갛게 달궈진 쇠가 마틴의 손에 떨어져 바이올린을 잡던 손가락이 잘려 나갔지. 그의 왼손에는 엄지손가락만 남았어.

그래도 마틴은 하늘을 원망하거나 좌절에 빠져 있지만은 않았어.

엄지손가락뿐인 왼손으로 바이올린을 잡고 띠나는 연습을 했지.

"내가 장애인이라고 생각하지 않는 한 나는 결코

장애인이 아니다."

그리하여 끝내는 오하이오 주 수 카운티 교향악단의 바이올리니스트가 되었어.

"마틴은 자신을 위로하는 사람에게 항상 당당하게 말했어. '날 위로하지 마세요. 난 당신과 똑같아요. 난 멀쩡해요.' 물론 마틴은 생활하는 데, 특히 연주하는 데 많이 불편했어. 그런데도 그의 마음만은 늘 밝았지."

"그래요. 마틴은 장애 때문에 분명 불편했을 거예요. 저도 그래요. 시크릿, 내 몸이 내 말을 잘 듣지 않을 때도 있어요."

"물론 그럴 때도 있지. 그러나 몸이 절대적인 조건은 아니야. 너의 의지에 따라 몸도 움직일 수 있거든. 너에게 이 뜀틀을 넘겠다는 강한 의지가 있다면, 너의 몸도 너의 의지를 따라올 거야. 그리고 중요한 건 자신이 처한 상황이나 이미 가지고 있는 조건에 대해 감사할 줄 알아야 한다는 사실이야. 그래야 더 나은 삶을 받아들일 수 있는 공간이 생기기 마련이거든. 제노야, 내 말을 알

알듣겠니?"

제노는 진지한 표정으로 고개를 끄덕였다.

시크릿은 제노의 머리를 쓰다듬으며 계속 말했다.

"제노야, 내가 얘기 하나 해 줄까?"

"예."

"자, 그럼 우리 잠깐 저기 의자에 앉을까?"

"네, 좋아요."

시크릿은 제노의 손을 잡고 의자 쪽으로 걸어갔다.

"자, 그럼 여기 앉아서 지금부터 내가 하는 이야기를 잘 들어보렴."

어느 마을의 공터에서 풍선을 파는 아저씨가 있었는데 휠체어를 탄 소녀가 다가왔어.

"아저씨, 풍선 하나 주세요."

"그래, 여러 색깔의 풍선이 있으니 골라 보렴."

소녀는 무슨 색깔을 고를까, 한참을 망설이더니 검은 풍선을 골랐어.

그러자 풍선 아저씨가 고개를 갸우뚱거렸지.

"얘야, 넌 왜 검은색 풍선을 택했니?"

"검은색 풍선이 꼭 저 같아서요."

소녀는 자신이 불편한 다리를 가졌기 때문에 항상 주목받지 못하고 있다고 생각했어. 그래서 자기도 모르게 가장 인기 없는 검은색 풍선을 선택한 거야.

"아닌데. 내가 보기엔 넌 노란색 풍선이 어울리겠는걸?"

"정말요?"

"물론이지. 난 네가 오래 전부터 창가에서 이 풍선들을 보고 있었다는 걸 알아. 그리고 오늘에서야 풍선을 사기 위해 여기까지 왔다는 것도 알고 있지."

소녀는 침을 꿀꺽 삼키며 아저씨의 말에 귀를 기울였어.

"얘야, 풍선을 사러 오는 길이 누구에게나 똑같은 것은 아니란다. 어떤 사람은 한 걸음에 달려 올 수도 있고, 어떤 사람은 넘어졌다 일어서기를 반복하며 긴 시간을 걸어 올 수도 있지. 하지만 풍선을 살 수 있는 기회는 누구에게나 똑같단다."

아저씨는 노란색 풍선을 건네며 말을 이었어.

"자, 이 풍선을 받으렴. 여기까지 왔으니 네게도 남들과 똑같은 기회가 주어진 거야. 이 소중한 기회를 맞이하고도 과거의 너로 돌아갈 셈이니?"

소녀는 그제야 아저씨의 말뜻을 알아들었어.

"그래요. 노란색 풍선을 주세요. 그게 정말로 내가 가지고 싶었던 색깔의 풍선이니까요."

"제노야, 네가 꿈을 이루고 싶다면 이것만은 꼭 가슴 속에 새겨 두어야 한다. 너에게 무모할 것 같은 시도들이 새로운 희망의 씨앗이 될 수 있다는 걸 말이야."

"이야기는 여기까지다."

시크릿의 이야기를 다 듣고 제노는 얼굴이 좀 붉어졌다. 불편한 다리 때문에 무슨 일을 하든 늘 안 된다고만 생각했던 자신이 부끄러웠다.

제노의 마음을 읽은 시크릿은 제노의 어깨를 툭툭, 토닥여 주며 말했다.

"제노야, 너에게 주어진 환경이 비록 남보다 좋지 않을지라도 좌절해선 안 돼. 나쁜 환경을 탓하지 말고 그 환경을 극복하여 스스로 좋은 환경을 만들어 봐. 네가 어떤 일에 최선을 다한다면, 너의 불편한 다리를 두고 다른 아이들이 너를 함부로 놀리지 않을 거야! 알았니?"

"예. 시크릿."

제노의 얼굴빛이 환하게 바뀌었다.

"제노야. 그럼 우리 교실로 들어갈까?"

시크릿은 의자에서 일어났다. 그러자 제노는 시크릿의 옷소매를 끌어당겼다.

"시크릿, 저 뜀틀에 한 번 도전하고 싶어요."

"그래? 할 수 있겠니?"

"되든 안 되든 한 번 해 보려고요."

"그래. 도전한다는 것 그 자체가 이미 성공이지. 넌 성공한 거나 다름없어."

제노는 시크릿의 말에 더더욱 자신감이 생겼다. 또한 자신의 다리가 이제는 미워 보이지 않았다.

"고마워요. 시크릿."

제노는 시크릿에게 정중히 고마움을 표시했다. 그리고

의자에서 일어나 한 걸음 한 걸음 뜀틀을 향해 힘차게 내딛었다.

시크릿은 제노의 뒤를 따르지 않았다. 어차피 제노 스스로 몸의 한계를 극복하고 새로운 도전을 받아들여야 하기 때문이었다.

시크릿과 제노의 거리가 점점 멀어졌다. 이윽고 뜀틀 가까이 도착한 제노는 크게 숨을 들이마셨다. 그리고 마음 속으로 혼잣말을 했다.

"그래, 난 할 수 있어. 마음만 먹으면 내 몸은 무슨 일이든 다 할 수 있어."

제노는 마음의 준비가 되었는지 입술을 지그시 깨물었다. 그리고 한 치의 망설임도 없이 뜀틀을 향해 달려갔다. 비록 절뚝절뚝 불안한 걸음이었지만, 최선을 다해 빠르게 달려갔다. 그리고 뜀틀 위를 번쩍 뛰어올랐다.

하늘 높이 붕, 떠 있는 제노의 모습, 그 모습은 참으로 아름다웠다.

시크릿은 그렇게 아이들에게 몸의 비밀을 알려 주었다.

시크릿 노트

몸의 한계를 이긴 1%의 희망

"랜드 암스트롱, 당신은 암 3기입니다."
"예? 그, 그, 그럴 리가……. 불과 몇 달 전만 해도 전 사이클 대회에 나갔습니다. 그런데 암 3기라니요?"

암스트롱의 얼굴에 먹구름이 드리웠다.
"이럴 순 없습니다. 전 믿을 수 없습니다. 선생님, 제발 절 살려 주십시오."
암스트롱은 의사에게 매달렸다.
그러나 의사의 표정은 밝지 않았다.
"이미 암세포가 폐를 거쳐 뇌까지 옮아 간 상태입니다. 회복이 된다고 하더라도 사이클 선수로 활동하는 건 무리입니다. 어쩌면 걷기조차 힘들지도 모릅니다."
암스트롱은 하늘이 무너지는 듯했다. 그러나 하늘이 무너져도 솟아날 구멍은 있다 하지 않는가?

암스트롱은 절망 대신 강한 다짐을 했다.
"난 단 1%의 희망이라도 절대로 놓치지 않겠어."
암스트롱은 부작용의 위험을 무릅쓰며, 고통스러

운 항암 치료를 견디어 냈다.

그 결과, 어느 정도 몸을 움직일 수 있게 되었다.

그러나 암스트롱은 암 때문에 사이클을 탈 수 없다는 슬픔에 빠져 매일 술만 마셨다.

"모든 게 끝났어. 내 몸을 내 뜻대로 움직일 수 없어."

그때였다. 옆에 있던 그의 코치, 크리스 카마이클이 암스트롱에게 한 마디 충고를 건넸다.

"고작 암 따위에 굴복할 셈이야? 암스트롱, 자네 그 정도밖에 안 돼?"

그 말에 자극을 받은 암스트롱은 다음 날, 깊은 산 속으로 코치와 함께 재활 훈련을 떠났다.

혹독한 재활 훈련을 마치고 새로운 각오로 대회에 참가한 암스트롱은 드디어 '뚜르 드 프랑스' 대회(1999년)에서 모든 사람의 예상을 뒤엎고 우승했다. 특히 이 대회는 알프스 산맥을 3,000m 이상 넘는 매우 힘든 과정이 있었다. 그런데도 암스트롱은 2005년까지 7년 연속 우승을 차지했다.

전 세계 사람들은 그의 우승 소식을 들을 때마다 입을 다물지 못했다.

"1%의 희망을 위해 난 달릴 것입니다."

몸의 한계를 극복하고 수많은 환자와 그 가족들에게 희망을 전해 준 암스트롱, 그는 이 시대의 진정한 영웅이다.

시크릿 노트

절망을 극복한 투수, 클렘 러바인

"클렘 러바인, 나에게 공을 던져."
"오케이. 준비 됐냐?"
"응. 어서 던져."
클렘 러바인은 야구공을 짐에게 던졌다.

이번에는 짐이 클렘 러바인에게 공을 던질 차례였다.
"클렘 러바인, 준비 됐니?"
"응. 어서 던지기나 해!"
짐은 아주 세게 공을 던졌다.
공이 순식간에 클렘 러바인의 글러브 안으로 들어왔다
"아악!"
"클렘 러바인, 왜 그러니?"
"아, 아. 내 손가락이……."
짐이 던진 공을 잘못 받아 그만 클렘의 손가락 마디뼈가 부러진 것이다.
클렘은 몇 개월 동안 열심히 치료했다.
그런데 부러진 마디뼈는 정상적으로 회복되지 못했다.
'이걸 어쩌지? 내 집게손가락이 펴지지 않아!'
그는 크게 실망하였다. 야구 선수에게 손가락이

펴지지 않는다는 것은 더 이상 야구를 할 수 없는 거나 같았다.

그는 절망에 빠졌고 야구도 그만 했다.
'최고의 투수가 되겠다는 나의 꿈은 이제 물거품이 되고 말았어. 난 이제 모든 것이 끝났어.'

그러던 어느 날, 코치가 그의 집에 찾아왔다.
"클렘 러바인, 안에 있니?"
"예. 들어오세요. 코치님."
"손가락이 다 나았는데 왜 연습에 안 나오니?"
"손가락이 펴지지 않아서 더 이상 공을 던질 수 없어요."
그러자 코치는 아무렇지도 않은 듯 웃으며 말했다.
"너무 실망하지 마. 연습하면 안 되는 게 없어."
코치의 말에 클렘은 힘을 얻었다. 비록 손가락이 펴지지는 않았지만 그래도 열심히 연습했다.
그는 다시 야구를 시작했다.
그러던 어느 날, 그는 놀라운 현상을 발견했다.
'어? 내 공이 휘어지잖아!'
공을 손가락으로 꽉, 쥐지 않고 던지니까 공이 휜 것이다. 바로 커브 공으로 변하는 것이다.
'그래, 앞으로 이것을 내 무기로 삼자.'
클렘 러바인은 던지기 연습을 더욱 열심히 하였다. 그래서 결국 아무도 그의 커브 실력을 따라올 수 없는 아주 유명한 야구 선수가 되었다.

시크릿 박스

장애는 불편하다. 그러나 불행하지는 않다.
— 헬렌 켈러 (미국의 사회 사업가)

아무리 몸이 멀쩡해도 마음에 병이 걸리면 그 사람이 진짜 장애인이에요. 그러나 몸은 비록 장애를 가졌지만, 마음이 건강하다면 그 사람은 진짜 건강한 사람이고요. 장애를 가지면 생활에 여러 가지 불편한 점이 있지만, 불행한 건 절대 아니에요. 행복한 마음은 장애를 잊게 하거든요.

맹인들에게 제1의 장애는 보이지 않는 눈이 아니라, 그들을 향해 슬퍼하는 사람들의 태도이다.
— 헬렌 켈러 (미국의 사회 사업가)

때론 장애인에 대한 지나친 동정이나 관심이 되레 그 장애인을 불편하게 만들어요. 그러니 장애인이 도움을 요청하면 그때 다가가 진심으로 도와 주세요. 그게 장애인에 대한 예의이고 사랑이에요. 장애인은 우리와 함께 더불어 살아가는 이웃이자 친구임을 잊어서는 안 돼요.

기적은 결코 일어나지 않습니다. 단지 노력만이 존재합니다.
— 에릭 웨이언메이어 (시각 장애인 등산가)

이 말은 에베레스트 등정을 성공한 뒤 산악인 에릭 웨

이언메이어가 한 말이에요. 이 말처럼 이 세상에 기적이란 없는지도 몰라요. 다만 수백, 수천 방울의 땀이 기적처럼 보이는 결과를 만들어 내는 것이겠지요.

 꿈꿀 수만 있다면 무엇이든 이룰 수 있다.
– 월트 디즈니 (미국 기업가)

얼마나 간절한 마음을 가지고 있느냐에 따라 성공과 실패가 갈리게 돼요. 어떤 일을 대충대충 한다면 그 결과는 보나마나 실패지요. 그러나 정성과 노력을 기울이고 간절한 바람으로 그 일을 처리한다면 분명 좋은 결과를 얻을 거예요. 하늘은 스스로 돕는 자를 돕는다고 했잖아요. 이루고자 하는 꿈이 있다면 간절히 바라고 열심히 실천하세요. 그러면 불가능은 가능으로 변하고, 꿈은 현실이 될 테니까요.

어떤 일이든 자기가 한계를 정해 놓으면 '기적을 이루는 길'은 멀어질 뿐이다.
– 웨인 W. 다이어 (미국 심리학자)

한계는 마음이 정한 장애예요. 내 마음이 스스로 할 수 없다고 선을 그으면 아무리 애쓴다고 해도 그 선을 넘지 못해요. 그러나 그 어떤 어려움도 할 수 있다는 강한 신념으로 도전하면, 초인적인 힘이 발휘되어 그 일을 해낼 수 있지요. 모든 것은 마음먹기에 달려 있어요. 한계를 뛰어넘어 위대한 자기 자신을 만나세요.

1%의 시크릿

내 얘기 좀 들어볼래?

나는 아프리카 에티오피아의 마라토너 **아베베 비킬라**다.

1960년 로마 올림픽에서 당당히 마라톤 1등을 했다.

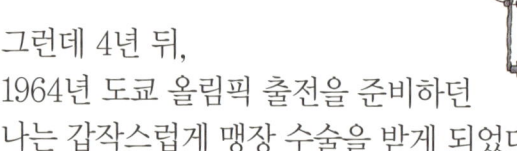

그런데 4년 뒤, 1964년 도쿄 올림픽 출전을 준비하던 나는 갑작스럽게 맹장 수술을 받게 되었다.

그런데도 올림픽에 나가 마라톤 대회에서 다시 **1등**을 했다.

그 뒤 1969년 교통 사고로
하반신이 마비되어 불구가 되었다.
하지만 나는 두 다리를 전혀 쓰지 못하는
상황에서도 내 삶을 **포기할** 수 없었다.

그 결과 1970년 노르웨이에서 열린
장애인 올림픽 대회에
나는 양궁 선수가 되어 도전했다.

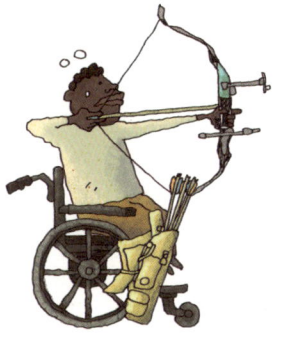

그 대회에서 나는 내 생애
세 번째 금메달을 따냈다.

내가 세 번씩이나
금메달을 딸 수 있었던 건
내 몸의 한계를
극복했기 때문이다.

나는 생각한다.
한계를 이겨 낸 사람이 진정한 승리자라고.

일곱째 날
감정의 비밀

세상에 멋진 옷이 많다고
다 입으려 하지는 마라.
그 옷들을 다 입으면
괴물이 될지도 몰라.
더 큰 꿈을 위해
욕심을 키우는 만큼
절제의 칼날을 세우지 않으면
사람의 감정 속에선
괴물이 자라게 된단다.

비밀 학교
패션 쇼

비밀 학교 패션 쇼

뻐꾹 뻐꾹 뻐꾹……

뻐꾸기 시계가 열두 번 울었다.

"벌써 열두 시네."

시크릿은 아이들을 불러 모았다.

"자, 벌써 점심 시간이 되었어요. 이제 마무리하고 밥 먹을 준비하세요. 그리고 오후에는 각자가 디자인한 옷을 입고 패션 쇼를 하겠어요. 다들 점심밥 맛있게 먹고 무대 앞으로 모이세요. 알겠죠?"

"예."

아이들은 각자 만든 옷을 조심스럽게 옷걸이에 걸어 놓았다. 개성이 철철 넘쳐흐르는 옷들이었다. 아이들은 자기가 만든 옷 앞에서 행복해했다.

"내 옷이 제일 멋있지?"

호랑이가 새침한 말투로 말했다.

그러자 뒤질세라 지누가 말했다.

"네 옷은 너무 평범해. 내 옷처럼 좀 독특해야지."

아이들은 자기 옷을 자랑하느라 정신이 없었다.

우주는 아이들 틈으로 파고들었다. 그러더니 배를 움켜쥐며 말했다.

"야, 그만 좀 해. 너희가 만든 옷들 다 멋있어. 그러니까 어서 밥이나 먹으러 가자. 배고파 돌아가시겠다."

식당에 도착한 아이들은 자기가 먹을 수 있는 양 만큼 밥과 반찬을 덜었다. 그런데 우주의 식판은 밥과 반찬이 넘쳐났다.

제노가 우주의 식판을 보더니 놀란 표정으로 말했다.

"우주 너, 그거 다 먹을 수 있어?"

"당연하지. 이까짓 거 순식간에 먹을 수 있어."

우주는 자리에 앉자마자 입이 터져라 음식을 마구 쑤셔 넣었다.

우주가 먹는 모습을 보며 아이들은 놀라서 한 마디씩 하였다.
"어머! 저건 괴물이야, 사람이야?"
"저러다 배 터지는 거 아냐?"

우주는 아이들의 놀림도 별로 개의치 않았다. 먹는 것이 더 중요했기 때문이다.
 우주는 마파람에 게눈 감추듯 산더미처럼 쌓여 있던 음식들을 식판에서 싹, 해치웠다.

"우주야, 벌써 아이스크림 몇 개째냐?"

우주는 그렇게 많이 먹고도 부족한지 후식으로 나온 아이스크림을 벌써 다섯 개째 먹고 있다.

"너 언제까지 먹을 거야? 우리는 이제 간다."

우주는 아이스크림을 한 입 베어 먹으며 말했다.

"너희들 먼저 가. 난 하나 더 먹고 갈래. 남기지만 않으면 마음껏 먹으라고 저기 적혀 있잖아."

"하여간 못 말리는 짬뽕이야."

아이들은 모두 고개를 절레절레 흔들었다.

뒤에서 아이들이 식사하는 모습을 지켜본 시크릿은 우주의 멈출 줄 모르는 식욕이 내심 걱정스러웠다.

점심 시간이 끝나고 드디어 아이들의 패션 쇼가 열릴 시각이 되었다.

무대 뒤에선 아이들이 분주했다. 각자가 만든 옷과 소품을 다시 한 번 점검하고 얼굴에 화장도 하였다. 아이들의 얼굴엔 긴장감이 가득했다.

시크릿은 아이들에게 말했다.

"10분 뒤면 패션 쇼를 시작할 거야. 긴장하지 말고 다들 당당하고 자신감 있게 잘 해 주길 바란다. 자, 그럼 다들 마무리하렴."

시크릿은 아이들 한 명 한 명을 따뜻하게 안아 주었다.

시크릿의 격려와 사랑 덕분에 아이들의 긴장감은 설렘과 자신감으로 바뀌었다.

아이들은 각자 옷으로 갈아입었다. '옷이 날개'라는 말이 실감났다. 아이들은 하나 같이 멋있고 아름다웠으며, 개성이 철철 넘쳤다.

그런데 우주에게 문제가 생겼다.

"왜 이 옷이 안 들어가지?"

우주는 바지를 다시 한 번 치켜 올렸다. 그러나 이번에도 실패. 점심 시간에 음식을 너무 많이 먹어 배가 잔뜩 나온 탓이다.

"야, 그러니까 적당히 먹으라고 했잖아!"

지누가 안타까운 눈빛으로 바라보며 말했다.

우주는 길게 숨을 들이마시며 뱃살을 최대한 줄였다.

"드, 드, 들어간다. 조금만 더."

바지가 드디어 들어갔다. 그러나 우주의 얼굴은 시뻘게지고, 온몸에 식은땀이 났다.

드디어 패션 쇼 시작! 쇼가 시작되면서 음악이 울려 펴졌다. 음악에 맞춰 여유롭게 약간 몸을 흔드는 아이도 있고, 더더욱 긴장이 되는지 얼굴빛이 하얗게 질린 아이도 있었다. 그런데 우주의 얼굴빛은 마치 홍시처럼 붉었다. 너무 꽉 조이는 바지 때문에 제대로 숨을 쉴 수조차 없었다.

첫 번째 모델은 호란. 호란이가 무대로 나갔다. 공주풍의 의상이 참으로 눈부셨다. 이어 호랑이 복장과 호랑이 분장을 한 래오가 나갔다. 그리고 세 번째로 수린이와 모모가 신랑 신부의 모습으로 나갔다. 네 번째로 해바라기꽃으로 옷 전체를 장식한 지누가, 다섯 번째로 선글라스를 낀 경호원의 모습을 한 제노가 무대로 나갔다. 패션 쇼는 순조롭게 진행되었다. 이제 마지막으로 우주의 차례였다.

우주는 마치 바지에 똥을 싼 듯 엉거주춤 무대 위로 걸어 나왔다. 우주는 태연한 척 얼굴에 미소를 보였지만, 정말로 힘들어 쓰러질 지경이었다.

우주는 숨이 턱 밑까지 차올랐다. 그러나 숨을 꾹 참았다. 숨을 내뿜으면 바지가 찢어질 것만 같았다. 우주의 얼굴은 폭발 직전의 화산 같았다.

우주는 무대 위에서 한 걸음 내딛기조차 힘겨웠다. 아주 무거운 쇳덩어리를 발목에 매단 것만 같았다.

우주의 얼굴은 달아올랐다. 호흡이 가쁘고 머리까지 어지러웠다. 급기야 배가 부글부글 끓기 시작했다.

'어, 배가 왜 이러지? 으윽, 배탈났나? 큰일이네!'

우주는 앞이 캄캄했다.

'아무 일도 없어야 하는데…….'

그런데 일이 벌어지고 말았다. 우주가 숨을 참지 못하고 거친 숨을 내쉬었다.

드드득.

바지가 그만 터지고 찢어졌다. 그러더니 바지가 스르륵, 내려갔다.

결국 바지가 발목까지 내려가는 바람에 우주는 팬티를 보이고 말았다.

"으윽. 안 돼!"

"에고고, 저건 악몽이야!

우주보다 옆에서 우주를 지켜보던 아이들이 되레 더 당황했다.

우주는 내려간 바지 때문에 걷기가 불편해 급기야 무

대에서 넘어지기까지 했다.

"이크! 어휴, 창피해!"

우주는 쥐구멍이 있다면 그곳에 숨고 싶었다. 너무나 창피하고 부끄러워 차마 얼굴을 들 수 없었다.

패션 쇼를 마친 뒤, 아이들은 모두 행복한 표정이었다. 그러나 우주는 그렇지 않았다. 한쪽 구석에서 한숨을 내쉬며 쪼그려 앉아 있었다.

시크릿은 우주에게 다가가 우주 옆에 나란히 앉았다.

우주는 곁눈으로 시크릿을 바라보았다. 시크릿은 눈꺼풀만 깜박일 뿐 아무 말이 없었다. 어쩔 수 없이 우주가 먼저 입을 열었다.

"시크릿, 제 자신이 미워요. 내 자신이 너무나 미련한 것 같아요."

시크릿은 위로의 말보다도 이야기 하나가 더 낫겠다고 생각하면서 이야기 보따리를 풀었다.

"우주야, 내가 이야기 하나 해 줄 테니 잘 들어보렴."

옛날에 어떤 농부가 살았어.

그러던 어느 날 농부에게 한 천사가 나타났지.

"당신에게 땅을 드리겠어요. 하룻동안 이 말을 타고 동그라미를 그리세요. 당신이 그린 동그라미만큼 땅을 드릴게요."

그 말을 들은 농부는 말을 타고 동그라미를 그리기 시작했어.

"그래, 아주 큰 동그라미를 그리겠어. 그러면 나는 부자가 될 거야."

농부는 동그라미를 조금이라도 더 크게 그리려는 욕심에 하루 종일 쉬지도, 먹지도 않고 돌았어.

날이 저물자, 농부는 거의 도착점에 당도했지.

"이제 이 땅은 모두 내 몫이야!"

농부는 거친 숨을 몰아쉬며 큰 소리로 외쳤어.

그러고는 곧바로 말 위에 쓰러졌어.

말을 타면서 먹지도, 쉬지도 않아서 결국 숨이 차 죽고 말았어.

"지나친 욕심은 금물이란다. 욕심은 '불행'의 씨앗이거든. 적당한 선에서 만족하고 욕심을 멈춰야 해."

"저도 이미 그건 알고 있어요. 그런데도 마음처럼 쉽지 않아요."

"그래 네 말이 맞다. 마음처럼 쉽게 되는 일이 없지. 그러나 우주야, 네 마음을 스스로 다스리지 않으면 결국 남이 널 다스리게 된단다."

시크릿은 호주머니에서 풍선 하나를 꺼냈다.

그러더니 있는 힘껏 풍선을 불었다. 풍선이 점점 부풀어올랐다.

우주는 미간을 찌푸리며 안절부절못했다. 금방이라도 '빵' 하고 터질 지경이었다.

"시크릿, 그만 부세요. 터질 것 같아요."

시크릿은 더 이상 풍선을 불지 않았다.

"우주야, 너무 욕심이 많거나 집착을 하면 일을 망치게 된단다. 이야기 하나를 더 들려주마."

♥ · ♥ · ♥ · ♥ · ♥ · ♥ · ♥ · ♥

한 사막에 조그만 오두막집을 짓고 사는 노인이 있었어.

그곳에는 맑은 샘물과 우거진 야자수가 있었지.

언제부터인가 나그네들은 물을 얻어먹고 노인에게 몇 푼의 동전을 주었어.

노인은 더 많은 돈을 벌 생각으로 이렇게 마음먹었단다.

"그래, 더 큰 돈을 벌기 위해선 저 야자수를 없애야 해. 야자수가 샘물을 다 빨아먹고 있잖아!"

노인은 야자수를 몽땅 잘라 버렸지. 그런데 며칠도 되지 않아 샘물은 말라 버렸어.

"어? 샘물이 왜 점점 말라가지?"

야자수가 드리운 그늘이 없었기 때문에 샘물이 점점 메마르더니, 결국 샘물은 사라지고 말았어. 그 뒤로는 아무도 노인의 오두막집을 찾지 않았어.

"부족함 속에서 만족을 배울 줄 아는 지혜가 필요해. 만족은 절제에서 비롯되지."

우주는 고개를 끄덕였다. 그리고 자신의 배를 만지작거리며 중얼거렸다.

"좀 참지 왜 그랬니? 다음부터는 잘 참을 거지?"

시크릿은 우주의 그런 모습을 보며 빙그레 웃었다. 그리고 장난기 가득한 얼굴로 우주에게 말했다.

"우주야, 내 책상에 초콜릿이 많은데 선물로 줄까?"

"아, 아, 아니에요."

우주는 손을 내저었다.

"이제 그만 먹을래요. 전 터져 버린 풍선이 되기보다는 예쁜 풍선이 되고 싶어요."

"그렇지. 그래야지."

하하하.

시크릿이 흐뭇하게 웃었다. 그러자 우주도 쑥스러운 듯 덩달아 웃었다.

이렇게 해서 시크릿은 아이들에게 감정의 비밀을 알려 주었다.

시크릿 노트

전쟁에서 이기는 비밀

알렉산더 대왕이 이끄는 군대가 페르시아를 쳐부수기 위해 전진하고 있었다.
그런데 군인들은 하나 같이 지친 모습이었다.
"왜 이렇게 다들 힘든 표정을 짓고 있지?"
알렉산더 대왕은 고개를 갸우뚱거렸다. 그리고 잠시 뒤 그 이유를 알 수 있었다.
군인들이 전투에서 얻은 물건들을 몸에 잔뜩 지니고 있었기 때문이었다.

"욕심 때문에 이렇게 지쳐 있었던 거군."
알렉산더 대왕은 행군을 멈춰 세우고, 군인들에게 명령했다.
"전쟁에서 얻은 물건들을 모두 한 곳에 모아라."
군인들은 불평했다.
"이 금덩이는 내 보물인데."
"이 보석은 내 아내에게 줄 선물인데."
"이 은수저를 우리 아이에게 주면 좋아할 텐데."
군인들은 선뜻 물건을 내놓지 않았다.

그러자 알렉산더 대왕은 군인들에게 다시 한 번

명령했다.

"어서 물건을 여기에 다 내놓아라."

군인들은 어쩔 수 없이 명령에 따랐다.

그러자 알렉산더 대왕은 한 치의 망설임도 없이 그 물건에 불을 붙였다.

군인들은 두 눈이 휘둥그레졌다.

"어, 내 것이 타고 있어!"

"그러게 말이야. 대왕님께서 왜 이러실까?"

알렉산더 대왕은 군인들에게 말했다.

"지금 불에 타서 재가 된 물건들이 아까울 수도 있다. 그러나 그보다 중요한 건 너희들의 목숨이다. 이곳은 전쟁터다. 전쟁에서 얻은 물건에 너무 욕심을 부렸다가 자칫 너희들의 소중한 목숨을 잃을 수도 있다. 욕심을 참고 오직 승리만을 생각하기 바란다."

그제서야 군인들은 모두 고개를 끄덕였다. 괜한 욕심 때문에 전쟁을 그르칠 수 없다는 걸 잘 알기 때문이다. 군인들은 오직 승리만을 생각했다. 그래서 결국 막강한 군대를 가지고 있던 페르시아 군대를 거뜬히 이길 수가 있었다.

시크릿 박스

승리자의 주머니 속에는 꿈이 들어 있으나 패배자의 주머니 속에는 욕심이 들어 있다.

— J. 하비스 (수영 선수)

아무리 맛있는 빵도 너무 많이 먹으면, 빵 본래의 맛을 잃고 질리지요? 마찬가지로 모든 것이 너무 지나치면 그 본래의 성질을 잃고 말아요. 때론 꽉 차 있는 것보다 좀 비어 있는 게 더 여유롭고 더 풍요로워요. 성공을 원한다면 마음에 욕심보다는 꿈을 가득 채우세요.

뿌리가 깊은 나무는 베어도 움이 다시 돋는다. 욕심을 뿌리째 뽑지 않으면, 나중에 더 큰 괴로움을 겪는다.

— 『법구경』 중에서

욕심은 끝이 없어요. 한 번 부린 욕심은 아무리 참으려고 해도 자꾸자꾸 자라나지요. 그러니까 이번만 하고 다음부터는 하지 말자는 다짐은 하지 마세요. 욕심을 버리기 위해선 지금 당장 결심하고 실행해야 해요.

자신을 절제할 수 있는 사람이 가장 강한 사람이다.

— L. A. 세네카 (로마 시대 철학가)

화가 난다고 해서 화를 내고, 먹고 싶다고 해서 배 터지도록 먹고, 자고 싶다고 해서 해가 중천에 뜰 때까지 자고. 그렇게 감정이나 행동을 조절하지 않는 생활을 하면 몸도 망가지고, 자신의 삶도 게을러지고 말아요. 욕망을 스스로 참고 조절하는 아름다움, 그게 행복한 삶으로 가는 길이에요.

 만족을 찾아 헤매지 마라. 그보다는 항상 모든 것 속에서 만족을 발견하려는 마음의 자세가 중요하다.
― 존 러스킨 (영국 비평가)

'무소유' 라는 말을 아세요? 모든 것을 자기 것으로 만들려는 소유욕, 그것이 지나치면 집착이 되지요. 아주 적은 양의 밥에도 만족할 줄 아는 사람이 있는가 하면 두 공기, 세 공기의 밥을 먹어도 적다고 불평하는 사람이 있어요. 작지만 만족할 줄 아는 사람이 진정으로 부자이고 행복한 사람이에요.

유혹을 좇는 마음을 넘어서라.
― 빌 게이츠 (미국 기업가)

이 세상에는 유혹이 참 많아요. 공부할 시간에 게임을 하고 싶은 유혹, 저축하라고 준 돈으로 새로운 장난감을 사고 싶은 유혹 등. 유혹은 하루에도 몇 번씩 솟구치죠. 그러나 그런 유혹을 이겨야 해요. 한 번 유혹에 빠지면 더 깊어져 결국 헤어 나올 수 없기 때문이에요.

1%의 시크릿

내 얘기 좀 들어볼래?

나는 마라토너 손기정.

베를린 올림픽 때의 일이다. 나는 **출발선**에 섰다.

탕, 소리가 나자 나는 출발했다.

당시 최고의 선수는 아르헨티나의 **자바라** 선수였다. 그는 출발 신호와 함께 다른 선수들을 제치고 **점점 앞으로** 나갔다.

자바라 선수가
속도를 내자 나는 갈등했다.
무리해서 쫓아가야 할지,
아니면 그냥 평소의
내 속도로 달릴지?

나는 **욕심**을 부리지 않았다.
누가 뭐라고 해도 **나는
내 속도로 달리기**를 하였다.

한참 뒤,
나는 자바라 선수를
따라잡을 수 있었고,

마침내 베를린 올림픽 마라톤에서
금메달을 **거머쥘 수** 있었다.

내가 금메달을 딸 수 있었던 건
내 스스로 내 **감정**을
잘 **조절**했기 때문이었다.

재능,
용기,
경영,
공존,
사람 사이의 관계,
몸,
감정…….
.
.
.
모두 꿈을 이루기 위해 꼭 필요한 비밀 열쇠들이야.
.
.
하지만
진짜 문을 여는 건
열쇠가 아니라
열쇠를 돌리는
행동이란다.

졸업식 : 새로운 출발을 위해
비밀 학교를 나서다

아이들이 비밀 학교에 온 지 어느덧 일 주일이 지났다.

처음 비밀 학교의 교문을 들어설 때만 해도 툴툴대던 아이들이었다. 일 주일을 어떻게 버틸까 걱정과 불만으로 다들 몸도 마음도 무거웠다. 그런데 막상 비밀 학교에서 일 주일을 보내고 나니 그 시간이 너무나 짧게만 느껴졌다.

"언제 이렇게 시간이 빨리 지나갔지?"

"그러게 말이야. 타임 머신이 있으면 다시 일 주일 전으로 돌아가고 싶다!"

아이들의 얼굴에는 아쉬움이 가득 뱄다. 이제는 비밀 학교를 떠나야 한다니 발걸음이 떨어지지 않았다.

시크릿은 아이들 이름을 부르며 한 명씩 자신의 마음 상자 안에 아이들의 눈빛과 말투, 그리고 행동 하나하나까지 담아 두었다.

아이들은 자기의 이름을 부를 때마다 "예" 하고 대답을 했다.

그런데 그 대답 소리가 그리 크지 않았다. 대답 소리에는 아쉬움이 섞여 있는 듯했다. 아이들의 맑은 눈에는 이미 눈물이 촉촉이 맺혔다.

시크릿도 아이들처럼 마음이 뭉클해졌다.

시크릿은 애써 환하게 미소지으며 아이들에게 말했다.

"지금 헤어진다고 영영 못 보는 건 아니야. 그러니 너무 슬픈 표정짓지들 마라. 이별 안에는 반드시 다시 만날 거라는 기대감이 숨겨져 있거든. 그러니 언제든지 내가 보고 싶거든 찾아오렴. 비밀 학교는 365일 늘 열려 있고, 나도 너희들을 맞이할 준비를 늘 하고 있을 테니까 말이다."

"예."

시크릿은 아이들에게 비밀 학교에서 무엇을 배웠고 무엇을 깨달았는지 굳이 묻지 않았다. 그것은 각자의 몫이라는 걸 잘 알고 있었기 때문이다.

시크릿은 등 뒤에서 무언가를 꺼냈다.

"너희들이 일 주일 동안 아무 탈 없이 잘 지내 준 것이 고마워서 내가 선물 하나씩을 준비했다."

아이들은 선물이라는 말에 얼굴이 해바라기처럼 활짝 피었다.

시크릿은 아이들에게 선물을 건넸다.

"자, 하나씩 받으렴."

아이들은 설레는 마음으로 포장지를 뜯었다.

"어? 빨간색 자석이다."

래오가 먼저 입을 열었다.

"나는 노란색 자석인데."

지누도 입을 열었다.

이어 다른 아이들도 입을 열었다.

"난 초록색인데."

"나는 파란색!"

시크릿이 일곱 명의 아이들에게 준 선물은 빨, 주, 노, 초, 파, 남, 보 일곱 개의 자그마한 자석이었다.

아이들은 왜 시크릿이 이 선물을 자기들에게 주었는지 궁금한 눈치였다.

시크릿은 '으음' 목을 가다듬더니 이내 말했다.

"너희들 기억나니? 입학식 때 내가 너희들에게 자석 얘기를 해 줬지? 자석은 무언가를 끌어당기려는 성질을 가지고 있다고 말이야?"

자석을 바라보는 아이들의 눈길을 살피며 시크릿이 잠시 말을 멈추었다.

"네, 시크릿이 말해 준 자석 이야기는 우리 모두가 기억하고 있어요."

일곱 아이들 중 가장 소심했던 모모가 큰 소리로 대답을 했다.

"그래, 고맙다. 나는 그 자석들이 너희들이 원하는 그 무언가를 끌어당겨 준다고 믿는다. 너희들이 이왕이면 긍정적이고 행복하고 아름다운 꿈들을 끌어당기길 바란다. 그 자석 하나하나가 그런 바람이 담긴 나의 자그마한 선물이란다."

아이들은 고개를 끄덕였다.

시크릿은 아이들을 한 명씩 차례로 안아 주며 이별을 준비했다.

"이제 헤어질 때가 다 되었구나. 다들 잘 가렴."

"에이, 헤어진다니 너무 섭섭한걸요."

새침한 성격 때문에 자기 생각을 행동으로 옮기는 데 주저함이 많았던 호란이가 너스레를 떨었다.

"허허, 그럼 너희들 나랑 여기서 살래?"

"우우~, 그건 사절이에요!"

시크릿의 말에 아이들이 손사래를 쳤다.

아이들은 교실을 나와 운동장으로 통하는 복도 끝으로 한 걸음 한 걸음 내딛었다. 아이들은 시크릿을 향해 손을 흔들었다. 시크릿도 활짝 웃으며 손을 흔들었다.

시크릿은 크게 소리쳤다.

"마음먹은 대로 이루어진다! 이 말을 꼭 명심하렴!"

"예. 알겠어요."

아이들은 복도 끝에서 큰 소리로 대답했다. 그리고 이내 복도를 벗어나 건물 입구로 나왔다. 그 곳에는 선글라스 여자가 아이들을 기다리고 있었다.

"자, 나를 따라오렴. 내가 교문까지 배웅할게."

아이들은 선글라스 여자를 따라 운동장 한가운데를 가로질렀다. 아이들은 하나같이 자신이 마음 부자가 된 듯했다. 마음 속에 무엇이 채워졌는지는 정확히 알 수 없지만 여하튼 마음이 행복했다.

교문에 거의 다달았을 때, 호란이는 호기심 가득한 표정으로 선글라스 여자에게 다가가 물었다.

"그런데…… 누, 누, 누구시죠?"

사실, 호란이만 선글라스 여자의 존재가 궁금한 건 아니었다. 아이들 모두 선글라스 여자의 대답만 기다렸다.

이윽고 선글라스 여자가 입을 열었다.

"내 정체는 비밀이다."

"비밀요?"

"그래. 이 학교가 달리 비밀 학교겠니? 너희들이 다음에 이 비밀 학교에 다시 오게 되면 그 때 또 어떤 비밀을 알게 될지, 내 정체는 과연 무엇인지 기대해 보렴."

선글라스 여자의 로봇 음성 같은 말투에 푸풋, 터지는 웃음을 삼키며 아이들이 인사를 했다.

"그럼, 안녕히 계세요."

"그래. 잘 가라."

조금씩 다르긴 했지만 각자의 문제로 고민하던 일곱 아이들……, 비밀 학교를 나서며 그 아이들의 마음엔 고민 대신 희망이 자라고 있었다.

"자, 꿈을 향해 모두 출발!"

제노가 팔을 들어 올리며 외치자 잠시 서로의 눈치를 살피던 아이들이 모두 함께 외쳤다.

"출발!"

어린이를 위한 시크릿

펴낸날	초판 1쇄 2007년 12월 17일 초판 32쇄 2025년 1월 30일
지은이	윤태익 · 김현태
그린이	한재홍
만 화	강성남
펴낸이	심만수
펴낸곳	(주)살림출판사
출판등록	1989년 11월 1일 제9-210호
주소	경기도 파주시 광인사길 30
전화	031-955-1350　　팩스 031-624-1356
홈페이지	http://www.sallimbooks.com
이메일	book@sallimbooks.com

ISBN　　978-89-522-0774-6　73190

살림어린이는 (주)살림출판사의 어린이 브랜드입니다.

※ 값은 뒤표지에 있습니다.
※ 잘못 만들어진 책은 구입하신 서점에서 바꾸어 드립니다.

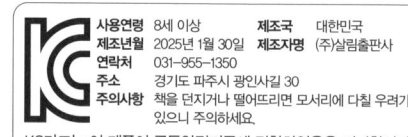

사용연령 8세 이상　　**제조국** 대한민국
제조년월 2025년 1월 30일　**제조자명** (주)살림출판사
연락처 031-955-1350
주소 경기도 파주시 광인사길 30
주의사항 책을 던지거나 떨어뜨리면 모서리에 다칠 우려가
　　　　　있으니 주의하세요.
KC마크는 이 제품이 공통안전기준에 적합하였음을 의미합니다.